# 很庶民的

# 經濟學

梁夢萍
馬銀春 著

月底又要
吃土？

六堂課教會你日常經濟學，
低薪不是存不了錢的藉口！

還在看充滿圖表和數據的經濟類書籍嗎？
本書用最直接的話語呈現與生活息息相關的經濟學例子，
你將從中找到自己平時的影子。

崧燁文化

# 目錄

**第一章　和老百姓息息相關的那些事**

# 目錄

## 第四章　一切向「錢」看 ── 金融貨幣

# 目錄

# 前言

## 前言

面對高企的房價，買房合適，還是租房合適呢？

買洗衣粉送襪子，你賺了嗎？

高薪資能換來高效率嗎？

房價真的會「越調越高」嗎？

漲價背後看不見的推手是什麼？

銀行儲蓄是最好的理財方式嗎？

幣值應該大幅升值嗎？

......

這些日常中的經濟學常識你認真思考過嗎？其實，我們日常生活中的一些細微瑣事無不與經濟學有關。經濟學在你的左邊，在你的右邊，它無處不在。不了解經濟學，你可能會在買賣中吃虧，會在投資上失利，會成為朋友圈中最不會理財的那一個，你甘心做一個這樣的人嗎？你當然不會。本書能讓你需要決策時做出更好的決策，教你如何在經濟上做一個精明聰慧的人。

在全球化的今天，隨著資訊技術的發展、各國間合作與競爭的加強、社會分工的進一步明確，了解經濟學常識顯得更加重要。在現實中，我們的生活也時刻被經濟學的影子所縈繞，就連你的婚姻都充滿著經濟的味道。雖然如此，但真正了解經濟學並能為己所用的人卻為數不多。

經濟跟我們的生活的確息息相關，所以我們應該對經濟學常識、社會經濟現象和相對的經濟政策等問題有所了解，這樣我們才能更好的了解自己所處的社會經濟環境，更好的把握自己的工作和生活，更好的去設計自己的未來，以便使自己在面對問題時做出的抉擇更加理性、更加合理。

但是，我們經常看到的是那些充滿圖表和數據的經濟類書籍，枯燥的詞句，生澀的闡述，深奧的理論，講述的盡是些普通老百姓無法理解的東西。

本書以發生的新聞為切入點，引導讀者思考分析，從老百姓生活消費、投資理財、金融貨幣、經營管理等方面，簡單又深入的將繁複的經濟學理論，用最直接生活的話語呈現給讀者，讀起來通俗易懂，又與讀者平時的經濟生活息息相關，使讀者都能從中找到自己平時的影子。

著名經濟思想史學家門羅教授曾說，從事於經濟思想史的

# 前言

研究，是一件既受到折磨又受到鼓勵的事情。在寫作過程中，我們對此深有同感，由於才識和精力有限，本書還有諸多不足之處，懇請各位同仁批評指正。

# 第一章　和老百姓息息相關的那些事

生活消費「手續費」該收嗎？買房合適，還是租房合適？手機為何越來越便宜？價格越高的藥越有效嗎？考大學後消費也能成為一種經濟嗎？你把車開進誰的加油站？……

# 1. 價格歧視是什麼？

## 話裡話外

　　價格歧視在我們的日常生活中隨處可見，比如：某大學同學在校內可以花五十元看一場最新的電影，但是在校外的電影院看卻要花兩百五十元。許多大商場為了促銷，常常打出買兩百送一百的廣告。麥當勞經常以某種形式發放優惠券，例如：在麥當勞的網站上發放，顧客只要列印這張優惠券，就可以憑券到麥當勞以七折、八折不等的優惠價格享受某種套餐，或者把優惠券夾在麥當勞的宣傳報紙裡，顧客只要看這張報紙就會得到優惠券，或者在路邊免費發放等等。事實上，不僅僅是麥當勞，許多餐廳也有類似的優惠券。可見，價格歧視不僅普遍，而且還是社會隱蔽的、非預期的再分配消費品的重要方法。類似的價格歧視在服裝和旅遊業也屢見不鮮，比如：某市兩家旅行社均有「港澳六日遊」的宣傳內容，每人四萬多元。有遊客諮詢，其中一家旅行社的工作人員稱，小孩要加價，因為小孩的機票不打折，要想參加港澳遊的話，每人收費是六千元再加一千元的小費，小孩每人則為一萬五千元（含一千元小費），老人則需要多繳五百元的費用。另一家旅行社的答覆是，老人需要多交一千五百元的費用。小孩則需要多加錢，如

孩子單獨睡的話需要多加八千元，如果和家長睡一張床，需要多加七千元。價格歧視雖然讓旅行社獲利，卻造成了不良的社會影響。

實行「價格歧視」的目的是為了獲得較多的利潤。如果按較高的價格能把商品賣出去，生產者就可以多賺一些錢。因此生產者將盡量把商品價格定得高些。但是如果把商品價格定得太高了，又會趕走許多支付能力較低的消費者，從而導致生產者利潤的減少。採取一種兩全其美的方法，既以較高的商品價格賺得富人的錢，又以較低的價格把窮人的錢也賺過來。這就是生產者所要達到的目的，也是「價格歧視」產生的根本動因。

在發達的資本主義國家這種事也是常有的。以美國為例，航空公司之間經常發生價格大戰，優惠票價常常只是正常票價的三分之一甚至四分之一。然而，即使是價格大戰時，航空公司也不願意讓出公差的旅客從價格大戰中得到便宜。但是，當旅客去買飛機票的時候，他臉上並沒有貼著是出公差還是私人旅行的標記，那航空公司又是如何區分乘客和分割市場呢？

原來購買優惠票總是有一些條件，例如規定要在兩星期以前訂票，又規定必須在目的地度過一個甚至兩個週末等等。老闆叫你出公差，往往都比較急，很少有在兩個星期以前就計劃好了的行程。這就避免了一部分出公差的旅客取得優惠。最屬害的是一定要在目的地度過兩個週末的條件。老闆派你出公

13

差，當然要讓你住較好的旅館，還要付給你出差補助。度過一個週末，至少多住兩天，兩個週末更不得了。這筆開支，肯定比享受優惠票價所能節省下來的錢多得多，更何況，度完週末才回來，你在公司上班的日子又少了好幾天。精明的老闆才不會為了那點眼前的優惠，而貪小便宜吃大虧。就這樣，在條件面前人人平等，這些優惠條件就把公差者排除得八九不離十了。

以上就是價格歧視的又一個典型例子。

「價格歧視」是否違背市場經濟規律，人們有不同的看法。有人認為「價格歧視」是違反市場經濟規則的，影響資源的有效配置，必須實行嚴格管制；有人認為，「價格歧視」有其合理性，應允許存在。

認為「價格歧視」不應該存在的人的理由是，根據擇優分配的原理，商品和資源的最佳配置必須達到均一的邊際產出，在市場經濟中就是均一的價格。因為公平有效的定價是「長期邊際成本」，這種成本是一個確定的數，不能因人而異。所以歧視價格破壞了市場規則，必將破壞資源的最佳配置，降低社會的經濟效益。

認為「價格歧視」有合理性的人的理由是，「價格歧視」完全符合市場經濟規律的要求。「價格歧視」中的歧視是經濟學的術語，而不是一個貶義詞。如果由於擴大市場，使生產者能得到規模經濟利益，在滿足了付高價的消費者的消費之後，可

以降價再滿足一部分只能出低價的消費者的消費需求，從而使整個平均成本進一步下降，這對生產者和消費者都有好處。因為，透過這種策略，廠商可以依據客戶的消費能力將其分為不同的消費群，分別定價，賺取更多的利潤。「價格歧視」堪稱市場經濟中最重要的遊戲規則之一。

如果沒有歧視，人人平等，實際上必然造成對高「需求者」的（需求彈性小支付意願強的消費者）歧視。

廠商向每一位顧客收取其剛好願意支付的價格的做法叫做「完全價格歧視」。「完全價格歧視」表面上看好像不公平，但其實未必。這是因為在整個價格歧視中，不同的有效需求者都能得到有效的供給，因而從需求與供給相等的意義上說，沒有任何人遭到歧視。

了解了「價格歧視」的原理，作為創業者的你，也就可以適當的「看人下菜碟」，為自己的商品貼上合適的價格標籤了。「同物不同價」，乍看之下不合理，有錢人貌似很吃虧，實則不然。電影《大腕》裡的一個精神病患者一語道破個中緣由：「願意掏兩千美元的，也就不在乎多掏兩千美元。」很多有錢人對價格不是那麼敏感，他們有錢，他們願意掏，所以，放心的「宰」他們吧！當然，實現「價格歧視」的前提是能夠做到壟斷經營，最少也要能夠做到「人無我有，人有我特」，因為在完全競爭市場上，是無法區分富人與窮人來進行「歧視」定價的。

### 知識連結

一般說來，價格歧視是指一家廠商在同一時間對同一產品或服務索取兩種或兩種以上的價格。它還可指一家廠商的各種產品或服務價格之間的差額大於其生產成本之間的差額。在完全競爭市場上，所有的購買者都對同質產品支付相同的價格。如果所有消費者都具有充分的知識，那麼每一固定品質的產品之間的價格差別就不存在了。因為任何試圖比現有市場價格要價更高的產品銷售者都將發現，沒有人會向他們購買產品。然而，在賣主為壟斷者或寡頭的市場中，價格歧視則是很常見的。價格歧視是分等級的：

1　如果廠商對每一公司產品都按消費者所願意支付的最高價格出售，這就是一級價格歧視；一級價格歧視也被稱為完全價格歧視。

2　只要求對不同的消費數量段規定不同的價格，叫二級價格歧視；二級價格歧視不如一級價格歧視那麼嚴重。

3　壟斷廠商對同一種產品在不同的市場上（或對不同的消費群）收取不同的價格，叫三級價格歧視。

## 2. 網路經濟絕不是泡沫經濟

### 話裡話外

網路經濟絕不是一種簡單的經濟現象，它使經濟活動具有全球性，使企業的經營具有直接性和高效性，使消費選擇變得豐富而快捷，使市場變得更加廣闊。如淘寶、蝦皮等網路交易網站，就大大的為消費者提供了便利。

網友為什麼會在網路購物？一開始網友可能只想到網購商品便宜，一臺電腦可以便宜好幾百元。這是大家公認的一點，就是網路購物簡易。這裡有個小故事，二〇〇七年時，前世界銀行行長在一家土耳其的清真寺把鞋子脫掉，被拍到襪子上有洞，露出了他的大腳趾，照片在全世界網路上瘋傳。美國的一個年輕人產生了一個想法：襪子是男人們的煩惱事，我為什麼不替男人解決這個煩惱呢？只要每個美國男人一個月買一雙襪子，我一年賣出一百萬雙都不成問題，於是他開了一個叫「黑襪子」的網路商店。當襪子訂購服務中心給職場男士們打電話的時候，立即引起了消費者注意，網站開通第一個月，它就售出一百萬雙短襪，此後生意一直非常熱絡。一個非常簡單的服務 —— 送襪到家，讓男人們從繁瑣的家務中脫身，只要滑鼠輕輕一點，就能讓我們需要的東西直接到家，不必為一件小東西，

坐著車去商場精挑細選，那樣又費時間又費力氣。有關部門做了一項調查，發現現在網路購物不只是價格便宜，還給網友在網路購物帶來樂趣。如果把網路購物和逛街作一個對比的話，許多人愛逛街，逛街帶來樂趣。現在有超過 20% 的人感到在網路購物也是很有樂趣的。可見，網路經濟是一個巨大的網路心理市場，它把人類帶入了數位時代。當然，這種便捷的服務也並不狹隘的展現在買和賣上，前幾日，某市政府就開通了人才交流網站，旨在讓大批求職者和招聘者能夠透過正規的網路網站達成自己的意向。資訊的整合，不僅為社會創造了生產力，還方便了我們自己。

網路經濟是知識經濟的一種具體型態，這種新的經濟形態正以極快的速度影響著社會經濟與人們的生活。與傳統經濟相比，網路經濟具有以下顯著的特徵：快捷性，高滲透性，直接性，邊際效益遞增性和可持續性。

### （1）網路經濟的快捷性。

消除時空差距是網路使世界發生的根本性變化之一。首先，網路突破了傳統的國家、地區界限，被網路連為一體，使整個世界緊密聯繫起來，把地球變成為一個「村落」。在網路上，不分種族、民族、國家、職業和社會地位、人們可以自由的交流、漫遊，以此來溝通資訊，人們對空間的依附性大大減小。其次，網路突破了時間的約束，使人們的資訊傳輸、經濟

往來可以在更小的時間跨度上進行。網路經濟可以二十四小時不間斷運行，經濟活動更少受到時間因素制約。再次，網路經濟是一種速度型經濟。現代資訊網路可用光速傳輸資訊，網路經濟以接近於即時的速度收集、處理和應用資訊，節奏大大加快了。如果說一九八〇年代是注重品質的年代，一九九〇年代是注重再設計的年代，那麼，二十一世紀的頭十年就是注重速度的時代。因此，網路經濟的發展趨勢應是對市場變化發展高度靈敏的「即時經濟」或「即時運作經濟」。最後，網路經濟從本質上講是一種全球化經濟。由於資訊網路把整個世界變成了「地球村」，使地理距離變得無關緊要，基於網路的經濟活動對空間因素的制約降低到最小限度，使整個經濟的全球化進程大大加快，世界各國的相互依存性空前加強。

（2）網路經濟的高滲透性。

迅速發展的資訊技術、網路技術，具有極高的滲透性功能，使得資訊服務業迅速的向第一、第二產業擴張，使三大產業之間的界限模糊，出現了第一、第二和第三產業相互融合的趨勢。三大產業分類法也受到了挑戰。為此，學術界提出了「第四產業」的概念，用以涵蓋廣義的資訊產業。美國著名經濟學家波拉特在一九七七年發表的《資訊經濟：定義和測量》中，第一次採用四分法把產業部門分為農業、工業、服務業、資訊業，並把資訊業按其產品或服務是否在市場上直接出售，劃分為第

一資訊部門和第二資訊部門。第一資訊部門包含現在市場中生產和銷售資訊機械或資訊服務的全部產業，諸如電腦製造、電子通訊、印刷、大眾傳播、廣告宣傳、會計、教育等。第二資訊部門包括公共、官方機構的大部分和私人企業中的管理部門。除此之外，非資訊部門的企業在內部生產並由內部消費的各種資訊服務，也屬於第二資訊部門。從以上產業分類可以看出，作為網路經濟的重要組成部分 —— 資訊產業已經廣泛滲透到傳統產業中去了。對於諸如商業、銀行業、傳媒業、製造業等傳統產業來說，迅速利用資訊技術、網路技術，實現產業內部的升級改造，以迎接網路經濟帶來的機遇和挑戰，是一種必然選擇。

（3）網路經濟的直接性。

由於網路的發展，經濟組織結構趨向薄平化，處於網路端點的生產者與消費者可直接聯繫，而降低了傳統的中間商層次存在的必要性，從而顯著降低了交易成本，提高了經濟效益。為解釋網路經濟帶來的諸多傳統經濟理論不能解釋的經濟現象，姜奇乎先生提出了「直接經濟」理論。他認為，如果說物物交換是最原始的直接經濟，那麼，當今的新經濟則是建立在網路上的更高層次的直接經濟，從經濟發展的歷史來看，它是經濟形態的一次回歸，即農業經濟（直接經濟）—— 工業經濟（迂迴經濟）—— 網路經濟（直接經濟）。直接經濟理論主張網路經

濟應將工業經濟中迂迴曲折的各種路徑重新拉直，縮短中間環節。資訊網路化在發展過程中會不斷突破傳統流程模式，逐步完成對經濟存量的重新分割和增量分配原則的初步構建，並對資訊流、物流、資本流之間的關係進行歷史性重構，壓縮甚至取消不必要的中間環節。

### （4）網路經濟的邊際效益遞增性。

邊際效益隨著生產規模的擴大會顯現出不同的增減趨勢。在工業社會物質產品生產過程中，邊際效益遞減是普遍規律，因為傳統的生產要素 —— 土地、資本、勞動都具有邊際成本遞增和邊際效益遞減的特徵。與此相反，網路經濟卻顯現出明顯的邊際效益遞增性。資訊網路成本主要由三部分構成：一是網路建設成本，二是資訊傳遞成本，三是資訊的收集、處理和製作成本。由於資訊網路可以長期使用，並且其建設費用與資訊傳遞成本及上網人數無關。所以前兩部分的邊際成本為零，平均成本都有明顯遞減趨勢。只有第三種成本與上網人數相關，即上網人數越多，所需資訊收集、處理、製作的資訊也就越多，這部分成本就會隨之增大，但其平均成本和邊際成本都呈下降趨勢。因此，資訊網路的平均成本隨著上網人數的增加而明顯遞減，其邊際成本則隨之緩慢遞減，但網路的收益卻隨上網人數的增加而同比例增加；網路規模越大，總收益和邊際收益就越大。另外，在網路經濟中，對資訊的投資不僅可以獲

得一般的投資報酬，還可以獲得資訊累積的增值報酬。這是由於一方面資訊網路能夠發揮特殊功能，把零散而無序的大量資料、資料、資訊按照使用者的要求進行加工、處理、分析、綜合，從而形成有序的高品質的資訊資源，為經濟決策提供科學依據。同時，資訊使用具有傳遞效應。資訊的使用會帶來不斷增加的報酬。

（5）網路經濟的可持續性。

網路經濟是一種特定資訊網路經濟或資訊網路經濟學，它與資訊經濟或資訊經濟學有著密切關係，這種關係是特殊與一般、局部與整體的關係，從這種意義上講，網路經濟是知識經濟的一種具體形態，知識、資訊同樣是支撐網路經濟的主要資源。資訊與知識具有可分享性，這一特點與實物顯然不同。一般實物商品交易後，出售者就失去了實物，而資訊、知識交易後，出售資訊的人並沒有失去資訊，而是形成出售者和購買者共用資訊與知識的局面。現在，特別是在錄音、錄影、複製、電腦、網路傳統技術迅速發展的情況下，資訊的再生能力很強，這就為資訊資源的共用創造了更便利的條件。更為重要的是，在知識產品的生產過程中，作為主要資源的知識與資訊具有零消耗的特點。網路經濟在基本上能有效杜絕傳統工業生產對有形資源、能源的過度消耗，造成環境汙染、生態惡化等危害，實現了社會經濟的可持續發展。

### 知識連結

網路經濟概括為一種建立在電腦網路（特別是 Internet 網際網路）基礎之上，以現代資訊技術為核心的新的經濟形態。它不僅是指以電腦為核心的資訊技術產業的興起和快速成長，也包括以現代電腦技術為基礎的整個新科技產業的崛起和迅速發展，更包括由於新科技的推廣和運用所引起的傳統產業、傳統經濟部門的深刻的革命性變化和飛躍性發展。因此，絕不能把網路經濟理解為一種獨立於傳統經濟之外、與傳統經濟完全對立的純粹的「虛擬」經濟。它實際上是一種在傳統經濟基礎上產生的、經過以電腦為核心的現代資訊技術提升的高級經濟發展形態。

## 3. 玩出來的「旅遊經濟」

### 話裡話外

隨著國際政治、經濟、文化交流發展，作為國家支付手段的外匯，其作用日益顯著。作為外匯收入的旅遊業在國家創匯，平衡國際收支方面達到了重要作用，這已經為各國實踐所證明，為人們所認識。人口三千九百萬，面積五十平方公里的西班牙，是世界第一個旅遊大國，被稱為「旅遊王國」。它充分利用其得天獨厚的自然環境：陽光、海水、沙灘的優勢以及一流的服務吸引來自世界各地的遊客。一九七二年至一九七七年，該國旅遊收入平均占全部出口收入的 26%，其中一九七五年，西班牙進出口貿易逆差達七十八億美元，而旅遊收入三十一億美元，補償了 40% 貿易逆差。旅遊業發達的瑞士也如此。

從理論上說，旅遊業並不直接創造和增加社會財富，它只是透過各類旅遊者的旅遊消費和旅遊資源的分享，使得各個國家的社會財富在不同地區、不同行業、不同人群中進行再分配，也就是將旅遊客源地的社會財富轉移到接待地。

據法國旅遊業協會主席菲利浦・邦貝爾熱分析：「43% 的旅館、咖啡店和飯店的收益，跟旅遊直接有關；航空運輸收益的 42% 同旅遊有關，鐵路運輸收益的 23%、汽車的 12%、農業的

8%、建築業的 6% 同旅遊業有關。」

　　旅遊業是一個綜合性很強的產業，吃、住、行、遊、購、娛是旅遊的六大要素。要有吃有住，進得來，出得去，有物可購，有處去樂。因此，旅遊的發展，必然不斷帶動與這要素直接相關的飲食、建築、交通、郵電通訊、園林、商業、輕紡、保險等行業的發展。

　　據澳大利亞官方統計，旅遊業涉及二十九個經濟部門中的一百零八個行業。

　　美國夏威夷的瓦胡島，開發前是一片荒涼的海灘，一九五〇年代為旅遊區後，建成的旅遊、商業街，密布小島。目前，該島已成為年接待世界旅遊者約四百萬人次的世界著名旅遊區。建築業的發展，又帶動與之相配套的水、電、煤氣、暖氣、通訊等行業，飯店內的裝飾、家具、餐飲、衛生用品等等，工業及所需的農產品的生產自然也相對的發展起來，其連鎖效應是非常巨大的。

　　遊客每到一地總要買些紀念品、土特產等帶回去。即旅遊要素中的「購」，旅遊對商品的需求帶動了工藝品、紀念品及有民族特色的產品的生產與開發。據測算一位旅客在異國旅行購物所花費用一般約全部旅費的二分之一。旅遊業的發展對相關產業的帶動作用可用一句話來概括，即「一業興百業旺」。

　　由於旅遊業促進了許多行業的發展，使整個社會就業機會

增多。旅遊業是一種綜合性的行業，它不但能直接向社會提供就業機會，而且能間接的為社會提供就業機會。按國際的習慣測算，旅遊業直接就業與間接就業的人員比例大約為一比五。每增加旅遊業的一間客房，可以直接提供零點七五人的就業機會，並間接的為二點五人在有關部門（飯店、商業、交通業）提供就業機會。

旅遊業是見效快、永久性的扶貧開發專案。從國際旅遊業的發展過程可以看出，旅遊業發展的速度，遠遠快於各種產業發展的速度。旅遊是第二次世界大戰以後才成為一個產業的，在不到半個世紀的時間裡，就迅速發展成世界第一大產業。這種發展速度，是任何一個產業都難以比擬的。新加坡和泰國，經過不到二十年的苦心經營，就發展成為亞洲的旅遊強國，成為世界著名的旅遊勝地。由於人們旅遊欲望的強烈，資訊傳遞的現代化和交通工具的發達，所開發的旅遊區只要有獨特的景觀和豐富的內容，能滿足人們要求，並把宣傳工作做到五洲四海，千家萬戶，就可以在較短的時間內大見成效，並且變成永久性的財源。因此，旅遊業是短、平、快，永久性的扶貧開發專案。

### 知識連結

旅遊經濟是指由旅遊者的旅遊活動引起的，旅遊者同旅遊企業之間以及旅遊企業同相關企業之間的經濟聯繫。旅遊企業

為旅遊者提供相應吃、住、行、遊、購、娛樂等服務，而旅遊者給付一定報酬，從而形成了旅遊者與旅遊企業之間的經濟聯繫。旅遊企業為安排好旅遊者的旅遊活動，需要同有關其他企業或部門發生經濟聯繫。這些經濟聯繫便構成了旅遊經濟的內容，它是國民經濟運行的一部分。旅遊經濟是以旅遊活動為前提，以商品經濟為基礎，依託現代科學技術，反映旅遊活動過程中，遊者和旅遊經營者之間，按照各種利益而發生經濟交往所表現出來的各種經濟活動和經濟關係的總和。

# 4.「都市農業」是不是農業

## 話裡話外

有了都市農業的穩定發展，才會有農民現金收入保持成長的態勢，才能加快都市的發展進程。都市農業有利於農民收入的提高，促進農業投資消費，拉動國民經濟有效成長。過去的農民們老守田園，自家園子裡只種自家吃的蔬菜水果，自家種的花朵只供自家人觀賞，不懂得與都市經濟搭配，為自己賺得利潤，更別和他們提什麼觀光休閒農業了，如今的農民充分發揮了周邊都市的一切資訊和資源，了解都市人所需，愉悅了自己，還方便了他人，讓自家人獨自欣賞的櫻花走出了國門。

我們知道，一般歷史悠久的農業大國，也是一個都市化發展的國家，經濟的發展也應該是由區域經濟的發展決定的，都市農業的受益者首先就是區域經濟，它首先帶動了一部分都市和農村的社會剩餘勞動力，拉動了區域內經濟的整體成長，從而達到提高國民生產毛額的目的，它有其一定的區域特色化趨勢。荷蘭憑藉其悠久的花卉發展歷史，在花卉種苗球根、鮮切花自動化生產方面占有絕對優勢，尤其是以鬱金香為代表的球根花卉，已經成為荷蘭都市農業的象徵。日本憑藉「精細農業」的基礎，在育種和栽培上占絕對優勢，對花卉的生產、儲運、

銷售，能做到標準化管理。

　　都市農業是把城區與郊區、農業和旅遊，第一產業、第二產業和第三產業結合在一起的新型交叉產業，它主要是利用農業資源，農業景觀吸引遊客前來觀光、品嘗、體驗、娛樂、購物等一種文化性強、大自然情趣很濃的新的農業生產方式，展現了「城郊合一」「農遊合一」的基本特點和發展方向。發展都市農業具有如下意義：

　　(1) 充分利用農業資源，促進農業結構最佳化調整，提高農業生產效益。

　　(2) 為農副產品帶來銷售管道，提高當地農業產品的知名度。

　　(3) 可以帶動相關產業的發展，促進剩餘勞動力轉移，擴大勞動就業。

　　(4) 可以疏散都市擁擠人口，減輕都市人口壓力。

　　(5) 擴大城鄉文化、資訊交流，促進農村開放。

　　(6) 綠化、美化環境，提高都市生活和生存環境品質。

## 知識連結

　　都市農業的概念，是一九五○至一九六○年代由美國的一些經濟學家首先提出來的。都市農業是指地處都市及其延伸地帶，緊密依託並服務於都市的農業。它是大都市中、都市郊區和大都市經濟圈以內，以適應現代化都市生存與發展需要而形

成的現代農業。都市農業是以生態綠色農業、觀光休閒農業、市場創匯農業、高科技現代農業為標誌，以農業高科技武裝的園藝化、設施化、工廠化生產為主要手段，以大都市市場需求為導向，融生產性、生活性和生態性於一體，高質高效和可持續發展相結合的現代農業。都市農業與城郊農業都是依託都市、服務都市、適應都市發展要求，納入都市建設發展策略和發展規劃建設的農業。但二者還有不同點，城郊農業主要是為都市供應農副產品，滿足都市商品性消費需要為主，發展水準相對較低，位置居於都市周邊地區。而都市農業是為滿足都市多方面需求服務，尤以生產性、生活性、生態性功能為主，是多功能農業，發展水準較高，位置在大都市地區，可以環繞在市區周圍的近郊，也可能鑲嵌在市區內部。至於觀光農業、休閒農業、旅遊農業等，都是都市農業的一些具體經營方式，不能說它們本身都是都市農業，根據目前的經驗分析，只是大都市人均 GDP 達到三千美元左右的時候，就可能進入了都市農業階段。

# 5.「檸檬市場」並不像檸檬那樣清新誘人

## 新聞回顧

前不久，新聞報導環球唱片公司 EMI 的二〇〇九年度的財務狀況，其中唱片業巨頭之一 EMI 虧損高達二十三億美元，很多唱片公司也是虧損嚴重。更有不小一部分唱片公司轉型影視公司、活動企劃公司。實體唱片幾乎零收益。在大牌雲集的唱片也是幾乎零收益，音樂市場的現狀與發展不禁令人深思。網路侵權下載、市場上的盜版 CD 成為唱片公司的心病，但短期內無法控制局面。怎樣拯救音樂行業，已經成了迫在眉睫的話題。

## 話裡話外

其實不光是唱片業，戲劇和書籍以及人才就業市場都會形成檸檬市場，這似乎都對我的生活達到了一定的不良影響，不單單指精神層面的，因為這些東西都是典型的「經驗商品」，「經驗商品」者會出現資訊不對稱的問題，除了已經被廣泛認可的品牌和直接影響消費者的親朋好友口碑評價之外，媒體宣傳、製作方自行廣告、輿論評價等是消費者最主要的消費選擇依據。而恰恰這後三者在當前的市場中均存在不同程度的扭曲和資訊

失真，導致觀眾對於戲劇產品的消費信心和興趣都不斷下降，滿意度平均值越來越低，最後市場一片狼藉。

前前一階段的豐田汽車召回門，讓一家以品質為榮的全球第一大車商敗走滑鐵盧，品質存在瑕疵是根本，一個關係到駕駛者生命安全的剎車系統，是沒有任何理由可以找出藉口的，市場信心備受打擊，這已經不只是豐田的悲劇，市場環境的混亂給整個企業和消費者帶來了巨大的創傷。

阿克羅夫在其一九七〇年發表的《檸檬市場：產品品質的不確定性與市場機制》中舉了一個二手車市場的案例。指出在二手車市場，顯然賣家比買家擁有更多的資訊，兩者之間的資訊是非對稱的。買者肯定不會相信賣者的話，即使賣家說得天花亂墜。買者唯一的辦法就是壓低價格以避免資訊不對稱帶來的風險損失。買者過低的價格也使得賣者不願意提供高品質的產品，從而低質品充斥市場，高質品被逐出市場，最後導致二手車市場萎縮。

要削減資訊不對稱，溝通是唯一的手段。在資訊社會中，誠實也是一種工具。因為資訊不完整和資訊不對稱，人與人之間需要溝通對話，以取得資訊。而且，因為不知道別人提供的資訊是真是假，只好借著「對方是否誠實」來間接的解讀對方所提供的資訊。因此，「誠實」這種人性中的德性，成為了人際社交中的一種「工具」。所以，充分有效的溝通是削減資訊不對稱

的最重要方式。一些機構甚至因溝通的需要而產生，如大眾傳播、公關仲介公司等「資訊經濟產業」，都是在減輕資訊不完整所造成的問題。以股票市場為例，由於金融市場的運行基礎就是資訊，投資者相對於上市公司而言處於資訊弱勢地位，如果不知道上市公司的經營狀況、盈利能力、產品的競爭力和公司管理層的變動等資訊，投資者就很難確定自己購買的公司股票真正價值，也就無法進行正常的交易。

### 知識連結

「檸檬」在美國俚語中表示「次品」或「不中用的東西」。「檸檬」市場是次品市場的意思。當產品的賣方對產品品質比買方有更多資訊時，檸檬市場會出現，低品質產品會不斷驅逐高品質產品。這個理論是由喬治・阿克洛夫 (Akerlof, 1970) 提出的，他以一篇關於「檸檬市場」的論文摘取了二〇〇一年的諾貝爾經濟學獎，並與其他兩位經濟學家一起奠定了「非對稱資訊學」的基礎。該論文曾經因為被認為「膚淺」，先後遭到三家權威的經濟學刊物拒絕。幾經周折，該論文才得以在哈佛大學的《經濟學季刊》上發表，結果立刻引起巨大反響。

## 6. 買房合適，還是租房合適

### 話裡話外

電視劇《蝸居》裡的海萍打定主意要在江州買房，還要一步到位買個比較大的新房子。為了存賺錢，她和丈夫蘇淳租住在一間只有十幾坪的房子裡，和一幫她認為是下層的小市民的人為鄰居。劇裡突出了這屋子空間的狹小，加上妹妹也來住，後來孩子的出生，母親的到來都讓這空間變得令人窒息。因為房子小，她不停的抱怨丈夫無能，更堅定了買房的信念，為了這個信念她和丈夫天天吃麵條，連泡麵都成了奢侈，雞蛋都捨不得買，對丈夫也非常的苛刻。蝸居在那樣的環境下很多年。自己吃苦不算，還拉上所有的親人。為了成全自己買房子的信念，四處向親人借錢，影響到全家人包括老公，父母，妹妹，妹妹的伴侶的生活。最後海萍走向宋子明當了二奶，被生活懲罰，歸根結柢都是為了給她湊那六萬塊買房租。她最後雖然如願以償買了房，但也變成不堪負重的房奴。一個月還貸款就要六千，用她的話說，每天一睜開眼，她就得想辦法賺到至少四百元。而這樣緊張的日子，她得過二十年。人生有幾個二十年？她卻選擇了這樣對自己摧殘的方式生活。

相信很多人還記得那個曾經風靡一時的美國老太太和中國

老太太的故事。故事大意是說有一個中國老太太和美國老太太死後在天堂相遇了，中國老太太存了一輩子的錢，到了臨死前才存夠了買新房子的錢，住上了新房子；而美國老太太則先貸款，住進了新房子，到死貸款也還完了，她也因此住了一輩子的新房子。這個經濟故事的寓意很明顯，稱讚美國老太太的消費行為，嘲笑中國老太太的不識時務。是啊，同樣的收入，在同樣的環境下，只不過是稍稍改變了消費模式，美國老太太就能提前住了一輩子的新房子，而中國老太太卻是固執己見，在臨死前才圓了自己的住新房子的夢。相對於現在的過度消費、透支消費的理念，中國老太太的存錢消費理念真是「太老土」了。

但到了二〇〇八年，也許連上帝都沒有想到，「美國老太太」的住房出問題了，住了數十年的房子突然住不起了，房子被銀行收走了。曾經的「美國老太太」們怎麼了？由於出現了次級房貸風暴，面對這樣的金融災難，「美國老太太」終於哭了，因為不僅她的房子要被銀行強行收回拍賣出去了，而且還要背負一身的債務要償還，奮鬥了一輩子，到了老年時候卻是兩手空空，一身債務，流離失所。此時的「中國老太太」也終於可以笑了，辛辛苦苦存了一輩子的錢，終於可以享享福了。「美國老太太」的這種消費觀念、消費意識，在某個時期，確實代表了一種消費方向、消費方式，特別是像美國這種高消費的國家，更

是一種時尚、一種潮流。但是，社會上如果只有一個、幾個或極少數這樣的老太太，她確實可能是一種新型的消費觀念，即便存在一些風險，也無關大局。可是，如果當這樣的「老太太」越來越多，最終遍及全社會，那麼，風險也將遍及全社會。在金融危機面前，美國人的消費習慣和心理發生了巨大變化。美國人居然勤儉節約，量入為出，並開始存錢。

　　那麼是買房子好呢還是存錢好呢？首先還是讓我們看看現在的房地產狀況吧。很多大牌的經濟學家和資深的研究員早就從房價和租金比、房價和收入比等多個角度對房產行業進行了分析。資料顯示出的結果總是讓人非常確信，房地產市場的泡沫很嚴重，有泡沫終歸要破滅。於是，大家都期待著房產價格向合理區域回歸。在緊縮政策的通道下，房地產市場的價格一度有所回落，但大家很快發現，這輪的價格回落並未持續太久。未來房價是否會如經濟學家們所預期的那樣回歸合理價格，消除泡沫？或者是泡沫原本就不存在？價格仍將上漲？要想規範政府對房地產市場的干預，必須加大政府改革力度。在目前，作為轉型經濟中特有的現象，用行政手段對市場進行調控，尚有不可替代的作用。如果房價能夠長期處於相對穩定的狀態，那麼觀望的人會越來越少，而整個房地產也會有更加廣闊的發展。

## 知識連結

房地產泡沫：美國著名經濟學家查爾斯·P·金德伯格認為：房地產泡沫可理解為房地產價格在一個連續的過程中的持續上漲，這種價格的上漲使人們產生價格會進一步上漲的預期，並不斷吸引新的買者，隨著價格的不斷上漲與投機資本的持續增加，房地產的價格遠遠高於與之對應的實體價格，由此導致房地產泡沫。泡沫過度膨脹的後果是預期的逆轉、高空置率和價格的暴跌，即泡沫破裂，它的本質是不可持續性。

## 7. 手機為何越來越便宜

### 話裡話外

這顯然是個經濟學問題，這種現象叫完全競爭市場。完全競爭市場必須具備一定的條件：

(1) 市場上有眾多的生產者和消費者，任何一個生產者或消費者都不能影響市場價格。

(2) 企業生產的產品具有同質性，不存在差別。市場上有許多企業，每個企業在生產某種產品時不僅是同質的產品，而且在產品的品質、性能、外形、包裝等等方面也是無差別的，以至於任何一個企業都無法透過自己的產品具有與他人產品的特異之處來影響價格而形成壟斷，從而享受壟斷利益。

(3) 生產者進出市場，不受社會力量的限制。

(4) 市場交易活動自由、公開，沒有人為的限制。

(5) 市場訊息暢通準確，市場參與者充分了解各種情況。

(6) 各種資源都能夠充分的流動。

手機市場已經基本飽和再加上技術革新成本下降和多家公司的競爭降價，生產手機的社會必要勞動時間減少，也就是所謂的供大於求，手機的價格彈性很大，降價能很大程度的促進

銷量，增加廠商的盈利，降價還能促進消費者的購買欲望。這樣，由於價格便宜，消費者購買手機的就越來越多，可選擇的餘地也多，這種情況下屬於買賣雙方的互惠互利，這是完全競爭市場產生的積極意義。

市場競爭引導每個生產者都不斷的努力追求自己的利益，雖然他們所考慮的並不是社會利益，但是，由於受著「一隻看不見的手的指導，去盡力達到一個並非他本意想要達到的目的。」他追求自己的利益，往往使他能比在真正出於本意的情況下更能有效的促進社會的利益。例如：假若每個生產者都努力使其生產的產品價值達到最高程度，其結果必然使社會的年收額有很大的成長，從而也就促進了社會公共利益的增加。

一九八四年，世界上第一款商業手機在摩托羅拉公司誕生了。這個後來被我們稱為「大哥大」的手機有半個磚頭大，重量快要一公斤，一塊電池充電之後能維持三十分鐘通話。儘管如此，有錢還是難求，其功能就是打電話，而且聲音並不清晰。高昂的話費使手機在當時更多的是身分和地位的象徵，而「大哥大」稱謂更形象的說明了它是一種炫耀性消費品。而如今，智慧型手機已成為百姓再平常不過的生活必需品。

經常有人抱怨自己新買的手機又降價了，很多人說，現在手機的價格就像坐上了雲霄飛車，掉價的速度真的是讓廣大消費者來不及反應。一個新產品的開發需要很多的人力和物力，

但是在不同階段所花費的成本是不一樣的。手機的價格包括硬體部分和軟體部分，一部手機在製造初期，硬體價格應包含了硬體成本費用和設計費用。在上市初期，它無疑是最貴的。但是當銷售了一段時間後，銷量達到了一定的規模，當初的設計成本已收回，那麼這時手機會來一次大跳水。而軟體環節是最最重要的一環，一部手機的軟體研究是單獨進行的，當然這需要很高的成本，而這一切也都需要從手機的銷售上收回成本。

我們發現，海外手機品牌價格往往要貴上許多。為什麼呢？首先是產品的品質問題。同樣功能的手機，用的材質、每個零件的選料不同，都會有不同的成本。同時為了保證品牌在消費者心中的位置，完善的售後也是必須的，費用也更多。這些都需要在終端價格上有所展現。而且還包括品牌的附加價值。雖然手機不像服裝，牌子和價格有著高度的關聯。但是一定比例的附加值，終究是不可避免的。不過隨著中國品牌品質的提高，自主研發實力的增強，產品在品質和性能上得到了很大的提升，價格卻在不斷的下降，也使得外國品牌手機的價格不得不做出很大的下調，利潤不斷降低。

隨著手機價格日益下跌，舊手機日益不值錢，這也造成舊手機面臨一個尷尬現象：有時換零組件的錢比整部手機的市場價還高。但不少客戶提出一個問題：手機價格在跌，舊手機日益不值錢，為何它的配件價格就不跌呢？對此，維修中心的工

作人員解釋道，手機更新速度快，很多舊手機已經停產，配件的日益缺貨是造成手機維修價格居高不下的最重要原因。

對於消費者來說，不斷降低的零售價固然好，可越來越多的品牌和五花八門的功能，還有極其不可靠的售後服務，讓人顧慮重重。不過，在行動通訊行業利潤從各個環節縮減後，行業成本和消費價格進一步透明化，行業的暴利將不復存在。

## 知識連結

完全競爭市場 (Perfectly Competitive Market)，又叫做純粹競爭市場，是指競爭充分而不受任何阻礙和干擾的一種市場結構。在這種市場類型中，買賣人數眾多，買者和賣者是價格的接受者，資源可自由流動，市場完全由「看不見的手」進行調節，政府對市場不作任何干預，只起維護社會安定和抵禦外來侵略的作用，承擔的只是「守夜人」的角色。

## 8. 漲價背後看不見的推手

### 話裡話外

　　這裡要提到的一個經濟學術語是：供需關係。無疑養生觀念掀起了一股養生熱潮，隨之推動了漲價。與此同時，經過記者的多方調查，發現漲價還和旱災、冰雹致使農作物減產、惡意囤積有關，其實這就是供需關係的事。

　　生活中我們經常說一句話「物以稀為貴」，指的是某種商品由於數量稀少而價格暴漲。這種數量稀少常常是由兩種原因造成的，一種是本身的稀缺性；另外一種就是由於需求的突然間上升導致的短時間內供不應求。我們應該辯證的看待商品的價格過高的表象。商品的價格從根本上說是由價值決定的，但受供需關係的影響也會出現起伏不定的變化，供不應求，價格上升；供過於求，價格下降。進入市場交易的正常商品，它的「貴」有一定的「度」，也就是說價格圍繞著價值曲線波動。

　　「物以稀為貴」這一現象最容易導致增產不增收的結果。當一種產品的價格不斷上揚時，商品價格的變化會引起供需關係的變化，價格升高，利益增大，生產經營者必然增多，「稀」的狀況就會改變，因而價格就會下降。我們可以從豬肉的價格上漲來看一下為什麼「物以稀為貴」。

養豬是有一定風險的。一是豬病太多，死亡率較高。二是市場缺乏宏觀調控機制，生豬生產緊張了，豬肉價格上來了，市場反應強烈了，政府部門才去抓養豬業；一旦豬肉市場平穩了，養豬業又往往被人忽略了，生豬價格又會下滑，導致最後豬賤傷農，大量宰殺母豬，形成一個惡性循環；這樣一來，豬肉生產和豬肉市場每隔一段時間就要「感冒發燒」一次。三是養豬生產成本大幅提高，豬飼料漲價，勞動成本平均漲價，成本越高，生豬死亡造成的經濟損失越大。

豬肉價格上漲起初是被糧食價格上漲所引動。糧食價格變動直接影響了飼料價格。按常理來講，飼料上漲了，養豬的成本漲了，那麼豬肉價格也應該漲了。但是，市場上豬肉價格上漲的過程完全沒有飼料上漲來得那麼迅猛，所以農民養豬虧損了。農民普遍停止養豬，仔豬價格暴跌，導致宰殺母豬，生豬供給大量減少。於是受豬肉價格與生豬生產週期波動影響，豬肉價格突然大幅度上漲。於是「豬肉比肩唐僧肉，二師兄比師父更金貴」的笑話就出現了。因為豬肉價格長時間居高不下，從前那些放棄養豬的人又開始重操舊業，於是經過一個週期之後，大量生豬充斥市場，豬肉價格必然穩步下調。由此可見，豬肉價格的漲漲跌跌不過是又一個「洛陽紙貴」的故事罷了，只要看清楚市場的走勢，就不會成為「貴退賤人」的生產者。

其實「物以稀為貴」的例子還有很多，比如人稱「果王」的

荔枝，在北部，由於不是產地的原因，荔枝的價格居高不下。而在南部，不少果農因荔枝價格太低不摘荔枝而使果實爛在樹上。也曾有果農無奈感歎，豐產時沒價錢，失收時又有價錢。在售賣期內，每天荔枝出售的價格可能不同，時高時低，看準時機，適時將荔枝拋入市場也是一種提高價格的有效方法。隨著荔枝銷售接近尾聲，數量少了，價格也開始上浮，這時果農將荔枝拋售，就可獲得可觀的收入。另外，如何提升荔枝的品質，也是果農們應該仔細考慮的問題。

　　經濟學中，處於供需關係中的資源，一般都是稀缺的，稀缺的程度，決定了價格的高低，所以在市場中會有供需雙方之間的競爭與博弈，越是稀缺的資源，需求越是旺盛，消費的代價越大，成本支付越高，公司商品的價格越高。但是，市場調節有時是剛性的、有時是柔性的；如果人們基於市場需求增加的訊號，做出增產某一產品的決策，那麼會面臨兩種結果：第一，在產量增加的情況下，市場需求仍維持原來的較大需求，或者需求會有成長，或者需求會有略微的萎縮，這時，供給大於需求，價格會有微降，這是柔性的調整；第二，如果產量大量增加，反之，需求迅速減少，則供過於求，價格會迅速下跌，甚至會導致產品收不回成本。這就是市場供需規律的表現，雖然有時需求、供給會受非正常因素的影響，但供給、需求關係決定價格，價格雖然有時會嚴重脫離價值 —— 如炒作帶

動了農作物的非正常漲價，但一般總是價格在價值曲線上下波動，這是一般規律。

## 知識連結

供需關係指在商品經濟條件下，商品供給和需求之間的相互聯繫、相互制約的關係，它是生產和消費之間的關係在市場上的反映。在競爭和生產無政府狀態占統治地位的私有制商品經濟中，價值規律透過價格與價值的偏離自發的調節供需關係，供大於求，價格就下落；求大於供，價格就上升。

## 9. 價格越高的藥越有效嗎

### 新聞回顧

藥品經銷市場曾經出現了一個奇怪的現象：藥品價格越高越好賣。消費者去藥局買藥，藥局的店員總是向他們推薦一些較貴的藥，當消費者問道是否越貴的藥越有效果時，得到的答案是肯定的。同樣一款保健藥，進貨時可能沒有多少錢，但是真正上市經銷時卻可以賣上比進貨價錢高的價錢，結果卻在市場上相當走俏，由此，也引發了一部分消費者的思考和疑問，是價格越高的藥品就越有效果嗎？在此也想提醒廣大消費者，不要盲目相信銷售員的推薦。

### 話裡話外

「大病去醫院、小病進藥局。」如今老百姓有小毛小病，都會自己先到藥局買點藥。然而，售藥員推薦的價格高效果卻不佳的藥，讓不少人直呼上當。

在一家藥局做過多年藥品零售工作的楊先生透露，顧客來藥局，其實，售貨員推薦的藥，大部分都是回扣最大的藥。「有些藥由於利潤空間比較小，即使顧客指名要買，售貨員也會千方百計的阻攔。」楊先生還說：「有的藥廠會在藥局設立專櫃，

派駐銷售員賣藥，從外表看，也是藥局的銷售員，當然會說自己公司的藥療效好，顧客自然分不清。」據業內人士介紹，一些醫藥代理商、廠商與店員有利益關聯，如果店員推薦了價格高的藥品或特定藥品，就會給相對的報酬。有時這些行為和藥局有直接關係，同樣一款藥品，廉價的只能盈利幾塊錢，高價的卻能賺好幾十元。一些常規藥利潤不大，但一些新藥利潤空間很大，藥局就會盡量推薦新藥，甚至將銷售額直接與店員的薪資、獎金掛鉤。

但是，是不是價格高的藥一定療效好呢？許多人都認為越貴的藥效果越好，醫生開的藥越多，病就越快治好。他們記牢了「一分錢一分貨」，卻忘記了「對症下藥」這句老話。藥源缺乏、工藝複雜、進口藥品、供不應求的藥，一般都比較貴，但不一定療效好。一種藥品好不好，一定要看它臨床效果，只要能治病、療效好就是好藥，否則，其價格再貴，也不能算是好藥。

那麼，為什麼很多藥的價格高還能賣得好呢？這就要問問商品價格的根源了。你為什麼要買某種商品？因為你要用它，或者說它能夠給你帶來某種效用。經濟學中，把商品能滿足人們某種需要的物品的效用叫做使用價值，如糧食能充飢，衣服能禦寒。任何物品要想成為商品都必須具有可供人類使用的價值；反之，毫無使用價值的物品是不會成為商品的。

這樣說來你就明白了，藥局裡出售的藥品是商品，它的使用價值就是治病救人。如果你得了感冒，去買感冒藥，目的就是治病，花一、兩百塊左右買感冒熱飲就能夠把感冒治好，你這次「交易」就算成功了。

可是，藥這個東西的使用價值偏偏有點特殊，身體上的病好治，心理上的病卻有點難醫。有些患者就會想：貴一點的藥會不會治得快？貴一點的藥是不是副作用少？貴一點的藥能否有附加的保健功能較好？生產藥品的店家正是抓住了消費者的這種心理，把藥的使用價值過度誇大，從而抬高它的價格。

另外，因為藥物也是商品，廠商在銷售它們的時候也會採取跟電腦、手機等商品相似的銷售手段。比如：讓推銷員到醫院特別推銷某種藥，有些昧心的醫生從中獲取某種好處，就給患者開這種藥，很可能它比同功效的藥價格高出很多倍！

所以，消費者在購買藥品的時候還是要牢牢記住它最原始的使用價值 —— 治病。藥品最核心的、最能治病的部分通常是價格低廉的，完全沒有必要花很高的價格去買貴藥。特別是在醫療改革不斷修正，質優價廉的藥品會越來越多，消費者購藥時應更加理智，買中藥可以認老字號、大公司；買西藥，要比較價格、公司價格和群眾口碑等多種因素，不要盲目選擇最貴的藥品。

當然，不能說貴藥都不是好藥，貴藥自有貴的價值。人參

價錢貴，其療效與功用相同但價格低廉的黨參比，療效是黨參望塵莫及的。所以，治病不在於藥貴不貴，而在於對不對症。治療對症，療效顯著，吃貴藥當然更值得，但如果只片面強調貴藥便是好藥就大錯特錯了。

## 知識連結

供給曲線 (Supply Curve) 是表示商品供給量與價格之間關係的曲線。供給曲線是向右上方傾斜的，即它的斜率為正值。這說明，在影響供給的其他因素既定的條件下，商品的供給量與自身價格之間存在正向的依存關係，即商品價格上升，供給量增加；商品價格下降，供給量減少。這就是供給規律。

# 10. 家有美女，消費支出卻讓你美不起來

## 新聞回顧

國際勞動婦女節，女性爆發的強大消費力，讓店家都意外。一些女人好像都湧到了商場裡，女性商品好像不要錢，從早到晚一直都在搶⋯⋯櫃檯小姐這樣形容當天的狀況。當天從早上九點商場開門，到晚上十點多打烊，記者走訪百貨公司等幾家大型商場，發現各家一直保持著高度密集的人潮，部分櫃檯甚至用「擁擠」來形容。

## 話裡話外

隨著時代的發展和生活方式的改變，女性地位顯著提高。她們在平時拼命工作的同時，也不忘優待自己，這就出現了一個新名詞 ——「她經濟」，即女性經濟。而市場越來越注重細分，作為經濟上更加獨立自主的女性，旺盛的消費需求和消費能力，使她們越來越成為店家關注的重點。

人們的生活總離不開「食衣住行」，對於現代女性來說更是必不可少。具體來說，「女性經濟」下的消費行為趨勢表現為以下五方面：

（1）情感化：隨著收入的提高，女性消費者在注重產品品

質和實用性的同時，更加注重情感的愉悅和滿足。她們購買商品的目的已不再是出於生活必需的要求，而是出於滿足一種情感上的渴求，或者是追求某種特定產品與理想的自我概念吻合。她們偏好那些能與自我心理需求引起共鳴的感商品或服務。因此，商品的名稱、外觀、色彩、款式以及購物、進餐、娛樂環境中不同的建築風格等，都可能成為使她們產生衝動性和誘發性購買行為的因素。

(2) 多樣化：由於社會地位和經濟地位的提高，現代女性不再滿足於一成不變的生活、千篇一律的形象。她們追求生活的多樣化，希望嘗試不同的生活方式，希望改變身分，經歷各種體驗。於是，一些順應女性求新求變心理的商品和服務便應運而生。

(3) 個性化：越來越多的女性開始追求那些能夠促成自己個性化形象、顯示自己與眾不同的產品或服務。品牌服裝之所以受到熱烈追捧，不僅僅是因為它們設計獨特，更因為每種款式數量有限，迎合了女性消費者追求個性化的消費心理。

(4) 自主化：從近幾年的消費實踐來看，女性消費者自主消費意識進一步增強。

(5) 休閒化：隨著科學技術的發展和生產效率的提高，很

多女性從瑣碎繁重的家事勞動中解放出來，休閒娛樂日益成為女性的主要消費項目之一。

「女性經濟」刺激了店家不斷開發適合女性的新產品、新服務，以適應新的經濟成長點。她們往往具有強大購買力，除了帶有女性標籤的商品之外，她們還拉動了其他商品的消費。美國《新聞週刊》網站發表文章稱，席捲全球的經濟危機讓男性成為「最受傷」的人，與此同時卻給了女性提升工作和社會地位的機遇。隨著女性在經濟發展中扮演的角色日益重要，不少人認為未來世界的復甦將由女性主導。一些專家認為，隨著女性經濟能力的提高，女性不僅在家庭消費中的主導權越來越大，也更加注重自身的提高，服飾、美容、文化都成為她們歡迎的消費項目。

# 11. 考大學後消費也能成為一種經濟嗎

## 新聞回顧

大學放榜之後，記者在市區走訪時發現，許多精明的店家緊緊抓住這個商機，紛紛用大學錄取通知書做打折卡來促銷商品，「考大學經濟」熱得燙手。「考大學學子憑藉大學錄取通知書可享受門票折扣優惠。」在市區一旅行社，率先打出了「考大學經濟」牌。除此之外，一家家電商場，許多經營手機、3C數位產品的櫃檯，推出了一系列針對準大學生們的優惠促銷活動，「憑大學錄取通知書享受特價優惠」等促銷廣告比比皆是。有的店家甚至推出了一款針對大一新生的「大學生實惠禮包」。

## 話裡話外

隨著時代的發展，孩子在一個家庭中的主導地位也日趨顯露，特別趕上一個家庭中碰巧又有子女考大學，於是考大學後釋放壓力的孩子們，也就很快成為了消費大軍，甚至成為一種時尚，這種考大學後引領消費的現象，被時下的經濟學家總結為「考大學後經濟」現象。

伴隨著考大學的結束，朝夕相處的同窗好友就要各奔東西了，許多畢業生都會搞個散夥儀式，大多是吃上一頓聚餐，再

去 KTV 練歌，以歌聲表達情意。因此，飯店和 KTV 的生意也水漲船高，一些店家半個月前就收到畢業生的訂金。一家飯店負責人透露，這一個星期的時間來吃飯的學生占消費者總數的一半，即使不推出特色宴席，考大學後的銷售額也會有三四成的成長。

　　有關專家認為，考大學其實是一場平常的人生考試，它應該像上班一樣輕鬆正常。按照心理學觀點，這種平常環境更能讓考生正常發揮。

### 知識連結

　　一種經濟現象的健康發展，應該建立在理性消費的基礎上。近年來考大學經濟的興起，固然有市場的考量，但也存在許多不切實際的造勢，極易導致畸形發展。甚至有專家指出，它是靠「吞噬考生身上的養分來維持的」。的確，對於如此寄生在考生這一特殊載體上的「考大學經濟」，有必要理性看待，冷靜思考。像很多與考大學不沾邊的廣告宣傳，為了炒作，都貼上了「考大學經濟」的標籤。其實大多數店家看重的只是經濟利益，只是借助「考大學」這一平臺進行炒作罷了。對此，專家指出，正常的補充營養和心理輔導是必要的，但一些以考大學為名的「消費新品種」和商業宣傳，則不僅是勞民傷財，而且還容易引起社會問題。

# 12. 你把車開進誰的加油站

## 話裡話外

　　加油站降價促銷是競爭的結果，這樣的讓利行為以後仍將繼續存在。以大眾消費品行業為列，越是名牌產品、成熟市場，越是普遍存在一個規律，即通路利潤偏低，甚至有的店家經營名牌產品根本不賺錢，僅靠年終獎勵獲得一些薄利。店家被迫尋求平均利潤，這樣就給中小企業留下了廣闊的操作空間。中小企業在攻擊品牌產品市場時，通常會運用價格優勢，低價傾銷名牌產品的網路，以豐厚的利潤換取店家的興趣；為了保衛自己的市場，也有一些企業用價格戰的方式封殺入侵者。企業通常在新品上市或產品滯銷時，採用一系列的通路促銷手段來加速產品物流速度，以附加利益來誘導店家，以低價提升銷量，形成店家之間價格競爭。那麼，怎樣才能走出價格競爭呢？

　　（1）靠技術差異化走出價格競爭。

　　（2）靠產品概念創新走出價格競爭。

　　（3）走出價格競爭的其他途經。

　　走出價格競爭尚有其他途徑，如：

　　　1　靠品牌優勢不參與價格競爭；

2　靠服務特色規避價格競爭；

3　靠高標準控制上游供應商不打價格戰；

4　靠規模效益降低總成本，以價格優勢走出價格競爭等。

走出價格競爭的方式很多，組合使用其威力尤為明顯。企業間競爭的核心在於資源實力的較量，透過資源的最佳化配置，可繁衍出一系列競爭方式，而價格競爭僅是其中之一，且是消耗資源最大的一種。

可見，店家的降價現象並非防不勝防，不可理喻，關鍵在於企業給了店家降價的理由和空間，店家降價因廠商而起，廠商應予深刻檢討！你是否建立了一套有效的價格體系，你是否鼓勵店家獲取正常的單價利潤，你的促銷是否適度，店家的管理流程是否完善等等，這是一個系統工程，需要進行全面的整合。加油站市場正是因為這種價格競爭，才不斷打出促銷牌。

### 知識連結

價格競爭是指企業運用價格手段，透過價格的提高、維持或降低，以及對競爭者定價或變價的靈活反應等，來與競爭者爭奪市占率的一種競爭方式。「價格競爭」是市場運作中不可避免的一種經濟規律，關鍵在於如何根據自身的資源，以及所處的環境，採取有效的措施使企業在競爭中得以生存與發展。企業間競爭的核心在於資源實力的較量，透過資源的最佳化分

配，可衍生出一系列競爭方式，而價格競爭僅是其中之一，且是消耗資源最大的一種。

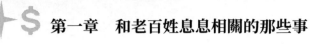

# 第一章　和老百姓息息相關的那些事

# 第二章　你不理財，財不理你

## ——投資理財

　　為什麼有錢人總是少數？銀行儲蓄是最好的理財方式嗎？如何理性的在保險上投資？股票投資是市民投資的寵物？黃金市場給你帶來「黃金機遇」？簽帳金融卡，還能理財用？外匯投資，穩當嗎？……

# 1. 為什麼有錢人總是少數

### 新聞回顧

　　二〇〇九年七月三十一日證券時報發表評論：證券時報早在二〇〇八年九月，巴菲特旗下的巴郡持股 87.4% 的中美能源 (MidAmerican Energy Holding Company) 就宣布，以十八億港幣入股比亞迪，占公司已發行 H 股總數約 28.37%。消息隨即引發全球關注，此後，比亞迪股價出現持續上漲。但由於巴菲特投資比亞迪的交易需要等待證券監管部門審批通過後才能正式成交，因此在證監會批准前，這筆股權交易並未真正完成。

　　二〇〇九年七月三十一日，比亞迪在公告中稱，證監會已批准巴郡旗下中美能源認購股份事宜，且中美能源已於昨日完成認購公司 2.25 億股新 H 股的交易，每股認購價為八港幣（較比亞迪昨天的收市價 41.65 港幣折讓約 81%），總額十八億港幣。比亞迪將委任中美能源主席 David L Sokol 為非執行董事。

　　如果按照從巴菲特宣布入股的八港幣開始，到二〇〇九年七月三十日比亞迪收盤價 41.65 港幣來計算，巴菲特此筆投資已獲利 420%，折合帳面獲利近七十六億港幣。

## 話裡話外

富人何以能在一生中累積巨大財富？他們到底擁有什麼致富訣竅呢？有人做了深入的探討，作了調查，得出一個結論：他們中三分之一的人靠繼承，三分之一靠創業累積財富，另外的三分之一是靠理財致富。而綜觀芸芸百姓，誕生富裕之家畢竟是少數，而全社會能創業成功的比率也只有33%。因此，理財得當才是市井小民最好的致富途徑。

那麼，少數有錢人是怎麼成功的呢？是他們付出了更多的努力嗎？還是他們比別人更加聰明呢？當然都不僅僅是，富翁們只不過是了解了財富累積遊戲的祕訣，知道玩金錢遊戲能為自己帶來更多的財富。其實非常的簡單，只有兩條：原始累積、複利增值。下面來細解這兩個寶典。

原始累積：這個階段是人找錢的階段，這個階段的人生應該是累積生存創業的資本、獲得實用的知識、熟悉社會現存資源、培養自己溝通魅力的時候。資本累積：資本的累積需要人們用自己的勞力、節儉、競爭來獲得。資本累積的程度應該滿足自己的基本生存與投資可能性，不同的地域會有不同的要求，也有不同的累積速度。原始資本累積者要注意運用地域差與行業差。能力累積：能力的累積主要包含有先進生存技術、社會認可的證書、人際溝通手段、實際行動能力，這四個方面是基礎能力，是需要付出時間和金錢投入的。需要注意的是，

有階段目標的能力學習比無動力的能力學習要有效的多。

　　複利增值：這個階段是錢生錢的階段，這個階段的人生應該是認準優勢行業，洞悉社會制度變遷，了解資本增值管道，與社會互換資源的時候。人生最重要的一件事情就是建立自己每個階段的資本盈利模式，建立盈利模式的基礎是發現優勢區域，熟悉優勢行業，洞悉社會制度變遷。中級盈利模式的建立關鍵是發現資金換資源、資源換更多資金的管道，這個管道應該是社會已經建立好的。在你有投資資本的時候，盈利模式和時間價值就會展現作用，它們將能不斷的為你帶來新的財富，卻無須你再做出以往原始累積時必須做出的辛苦努力。如果你真的能讓複利的車輪轉起來，成功的人生就在眼前了。愛因斯坦曾經說過，「複利是世界第八大奇蹟。」

　　從前有兩個年輕鄉下人，一起挑水去城裡賣，一桶賣一元，一天可以挑二十桶。

　　有一天年輕人甲想：我每天挑水，現在可以挑二十桶，但等我老了還可以一天挑二十桶嗎？為什麼不現在挖一條水渠到城裡，這樣以後就不用這麼累了。他把這個想法告訴同伴乙，可是乙說：如果我們把時間花去挖水渠，我們一天就賺不到二十元了。所以乙不同意甲的想法，就繼續挑水。於是，甲開始每天只挑十五桶，利用剩下的時間挖水渠。五年後，乙還在挑水，但是年紀大了，每天只能挑十九桶。可是甲挖通了水

渠，每天只要坐在那裡就可以賺錢了。

如果你手上現有五千塊閒錢，你可在週末帶全家出遊或者上酒店吃上一頓大餐，過個愉快的週末，或者買件名牌衣。但你也可以把錢存進銀行以獲得利息；或者買股票或基金，等待分紅；或者從古玩市場買字畫，等待增值；或者入股朋友所開的小店分利潤。前面一種情況就是花掉金錢，獲得消費與享受；後面幾種情況就是放棄現在的消費，使以後獲得更多的金錢，這就是投資。

投資按照對象的不同，可以分為實際投資和金融投資。實際投資是指投資於具有實物形態的資產，如黃金、房地產、廠房、機器設備、文物古玩、珠寶玉石等。實際資產能看、能摸、能用，價值穩定，投資收益也不低。金融投資則是指投資於貨幣價值形態表示的金融領域的資產，如股票、債券、外匯等。金融投資只涉及人與人之間的財務交易，是一種無形抽象的資產，具有投資收益高、價值不穩定的特點。

按投入的領域，投資還可分為生產性投資和非生產性投資。生產性投資是指投入到生產、建設等物質生產領域中的投資，其最終成果是各種生產性資產。由於企業的生產性資產分為固定資產和流動資產，因此，生產性投資又分為固定資產投資和流動資產投資。在經濟活動中，固定資產投資與流動資產投資必須保持適當的比例，這樣，生產和投資才能正常進

行，生產性投資透過循環和周轉可以回流，並且可以實現增值和累積。

　　非生產性投資是指投入到非生產領域中的投資，其最終成果是各種非生產性資產，主要用於滿足人的物質文體生活需要。非生產性投資又可以分為兩部分：一部分是純消費性投資，沒有盈利，投資不能收回，其再投資依靠社會累積，如對學校、國防安全、社會福利設施等的投資；另一部分是可轉化為無形商品的投資，有盈利，可以收回投資，甚至可以實現增值和累積，如對影劇院、電視臺、資訊中心和諮詢公司的投資。

　　投資的資本來源既可以是透過節儉的手段增加，如每個月在薪資收入中除去日常消費等支出後的結餘；也可以是透過負債的方式獲得，如借人貸款等方式；還可以採用保證金的交易方式以小搏大，放大自己的投資額度。從理論上來說，其投資額度的放大是以風險程度提高為代價的，它們遵循「風險與收益平衡」的原則，即收益越高的投資則風險也越大。所以說任何投資都是有風險的，只是大小程度不同而已。

　　很多人會覺得，自己本來就沒什麼錢，再把僅有的錢拿出去「賭博」、「冒險」，萬一賠進去不就傻眼了嘛？其實不然。投資有方法，還要有信心。在投資的過程中，要對自己付出的項目有信心。一旦選定了恰當的投資專案，就要勇敢的堅持下去，不要中途動搖，或者隨意打退堂鼓。

## 知識連結

　　投資這個名詞在金融和經濟方面有數個相關的意義。它涉及財產的累積以求在未來得到收益。技術上來說，這個字意味著「將某物品放入其他地方的行動」（或許最初是與人的服裝或「禮服」相關）。從金融學角度來講，相較於投機而言，投資的時段更長一些，更趨向是為了在未來一定時段內獲得某種比較持續穩定的現金流收益，是未來收益的累積。投資理財包括很多種，類似股票投資、外匯投資、黃金投資等等都是一些常見的投資方式，但投資有風險，每一份投資有收穫的同時，也意味著可能有巨大的損失，投資是一個較複雜的大學問，除了受市場影響外，投資所產生的後果也與投資者的心理因素息息相關，每一步操作都須謹慎操作。

## 2. 銀行儲蓄是最好的理財方式嗎？

### 新聞回顧

有一則新聞：有一個人勤奮工作很多年，每月按勞取酬，從不亂消費，一有錢就存入銀行，久而久之手頭便有點積蓄。可是，經過了「負利率」時期。辛苦「貌似」穩當的帳戶內竟然縮水，吃驚之餘才開始感歎怎不早點學人分散投資，今天就不至於在存款「一棵樹上吊死」。這就告訴我們，許多人以為有錢一存銀行萬事 OK，殊不知也可能遭遇家庭資產風險。所以，現如今，銀行儲蓄是不是最好的理財方式呢？

### 話裡話外

儲蓄或者說存款，是深受百姓家庭歡迎的投資行為，也是人們最常使用的一種投資方式。儲蓄與其他投資方式比較，具有安全可靠、手續方便、形式靈活、還具有繼承性。儲蓄是銀行透過信用形式，動員和吸收居民的節餘貨幣資金的一種業務。銀行吸收儲蓄存款以後，再把這些錢以各種方式投入到社會生產過程，並取得利潤。作為使用儲蓄資金的代價，銀行必須付給儲戶利息。因而，對儲戶來說，參與儲蓄不僅支援了國家建設，也使自己節餘的貨幣資金得以增值或保值，成為一種

家庭投資行為。

　　儲蓄有以下三個方面的作用：首先，作為一項信貸資金來源，透過聚少成多、變消費為累積，用來增加生產建設資金；基本上可以促進國民經濟比例和結構的調整，使社會再生產過程加速和規模擴大。其次，作為貨幣的信用回籠手段，可以推遲部分購買力的實現，有利於調節貨幣流通。最後，能夠引導消費，有利於居民有計畫的安排生活。

　　關於儲蓄的作用，經濟理論界有這樣一種看法，即認為儲蓄作為一種存款，它的增加只是流通中貨幣的減少，沒有改變信貸資金來源，而貸款等於存款加流通中貨幣，所以，儲蓄實質上沒有積聚建設資金的作用。

　　目前，儲蓄仍是大眾傳統的理財方式，隨著利率的多次降低，將錢存入銀行雖然安全，但就長期而言卻是最糟糕的理財方式，因為這種方式的年收益率太低，特別是連續降息，如果在通貨膨脹的情況下，銀行儲蓄成為「負利率」，更不適合作長期投資理財的方式。所以，有的人想出了「10% 法則」，也就是指把收入的 10% 存下來進行投資，積少成多，集腋成裘，將來就有足夠的資金應付理財需求。例如：你每個月有四萬元收入，那麼每月挪出四千元存下來或投資，一年可存四萬八千元；或者，你已經結婚，夫妻都有收入，每月合計有八萬元收入，那麼一年就可以有九萬六千元進行儲蓄或投資。每個月都能撥

10% 投資，經年累月下來，的確可以儲備不少資金。如果再隨著年資增加而薪資也跟著調高，累積資金的速度還會更快。但是為了使儲蓄理財能賺取更多的利息收入，儲戶應在存款期限、存款金額和存款方式上注意以下二點。首先，合理選擇存款期限。對於臨時需要用錢的儲戶，最好採用「連月儲存」方式，即儲戶每月存入一定的錢款，所有存款單年限相同，但到期日期分別相差一個月。這種儲存方法能最大限度的發揮儲蓄的靈活性，儲戶臨時需要用錢，可領取到期或近期的存款單，以減少利息損失。其次，用「階梯儲存」應對利率調整。「以十萬元為例，四萬元存活期，便於隨時領取；另外六萬元分別存一年期、兩年期、三年期定期儲蓄各兩萬元。一年後，將到期的兩萬元再存三年期，以此類推，三年後持有的存款單則全部為三年期，只是到期的年限不同，依次相差一年。」階梯儲存使儲蓄到期額保持等量平衡，既能應對儲蓄對利率的調整，又可獲取三年期存款的較高利息。

　　高儲蓄率雖然為經濟發展提供了重要的資金來源，但是儲蓄率過高過快成長卻又潛伏著巨大的隱患。過高的儲蓄率導致內需不足。從總體來看，居民可支配收入中扣除投資部分後的支出由消費和儲蓄兩部分組成，消費指現期消費，儲蓄是未來消費，兩者之間此消彼長。居民儲蓄長期過快成長必然會抑制消費，造成消費需求不足。

日本在一九六〇、一九七〇年代具有較高的國民儲蓄率，而這段時間正是日本轉變為發達國家的重要階段。與此形成鮮明對比的是，許多低儲蓄的國家難以發展成為發達國家。例如南美洲的許多國家，十九世紀已經建國，並且沒有經歷世界大戰的戰火浩劫，然而這些國家經過一百多年的和平發展，仍然處於發展中狀態，這與它們崇尚高消費、低儲蓄的模式是不無關係的。因此，高儲蓄階段其實是經濟發展中的一種必然規律，只有經歷了高儲蓄階段的國家才能實現經濟的發展，由不發達狀態轉向發達狀態，而持續低儲蓄的發展中國家很難轉變為發達國家。

## 知識連結

　　儲蓄存款指為居民個人積蓄貨幣資產和獲取利息而設定的一種存款。儲蓄存款基本上可分為活期和定期兩種。活期儲蓄存款雖然可以隨時領取，但取款憑證——存摺不能流通轉讓，也不能透支。傳統的定期儲蓄存款的對象一般僅限於個人和非營利性組織，且若要提取，必須提前七天事先通知銀行，同時存摺不能流通和貼現。目前，美國也允許營利公司開立儲蓄存款帳戶，但存款金額不得超過十五萬美元。除此之外，西方國家一般只允許商業銀行的儲蓄部門和專門的儲蓄機構經營儲蓄存款業務，且管理比較嚴格。存款利息的計算公式為：存款利息＝本金 × 利息率 × 存款期限。

# 3. 如何理性的在保險上投資

## 話裡話外

「有養家義務的人，不買保險就是失責。」墨爾基在《穩健理財十守則》一書中說。朋友李萍對此有很深的體會。李萍的先生一直沒有投保，結婚後他們買了房子，生了小孩，沒想到丈夫卻突然逝世，留下沉重的房貸，家庭經濟頓時緊張。因此我們的理財原則是：先針對人生可能的風險投保，再談投資。買保險，算是先「破財」，再「免災」；人這輩子生老病死、投資失誤、婚姻失敗，像這樣的災禍總是難免一二的；買保險就是「破財免災」，不是為了讓未來錦上添花，而是為了讓「現在的自己給未來的自己雪中送炭」，這就是幸福。

但是，有些人投資保險並不理性，顯然有成為「險奴」的傾向。如在公司工作的汪小姐，近年給自己和丈夫及家中老人購買了四份保險，每年保費支出近十二萬元，令她十分苦惱，乃至在部落格裡稱：「沒完沒了的還貸、繳保費，壓力大得讓我抬不起頭，還不能與父母說，都得自己扛。」又如，前些年李小姐和父母一起買了五份保險。雖然家庭收入尚可，但每年十萬多元保費也讓人頭痛。到今年初，李小姐總算繳清兩份保險，但另三份保險每年仍有五萬多元保費，讓全家覺得仍是負擔。保

險業內人士指出，容易成為「保險奴」的，主要是中低收入或年收入不穩定者。他們經濟能力有限，缺乏穩定收入來源。一旦投保過量或收入中斷，續期的保費繳納就難以為繼。

因此，對於收入不高的家庭或個人而言，要在經濟承受範圍內做好商業保險規劃，險種選擇上應偏向消費型。雖然繳納的保費會慢慢費盡，但能獲得保險期內的有效保障，達到保險的目的，也是物有所值。此外，若感覺自己有成為「保險奴」的趨勢，不妨找專家做保單「體檢」，去除不必要的部分。因為，雖然按照保險業內認同的標準，保費占比為家庭收入 20% 為宜，但隨著家庭結構和經濟收入的變化，還是可以進行調整的。一方面，一些保險公司對於長期壽險有六十天以內的寬限繳費期，投保人可在寬限期內任何一天繳費。若此間資金仍無法周轉，還有兩年寬限期，期間保單處於失效狀態，投保人可在有繳費能力時申請恢復保單，所有效力不變。另一方面，投保人可辦理減額交清，將保險金額縮少，不續繳保費，但可繼續享有保障。或將保險期限縮短，在縮短的期限內，仍享有原保單上各項保障。當然，最後一招就是退保，不過這是沒辦法才用的「下下策」。總之，買保險亦須量力而行。恰當的保障是必需的，但是保險也不是越多越好，雖然保險多，保障也多，但投保是需要成本的，投保的根本原則是以盡可能小的代價獲得較全面的保障。若成為「險奴」，工作生活總是為保險公司

「打工」，就不可取了，所以在購買保險的時候，還要遵循一定的基本原則。

首先要量力而行，就是購買保險的投入必須與經濟狀況相匹配，根據現有的收入水準，並預估未來的收入能力，計算出收支結餘，在此基礎上再算出可用來購買保險的資金。經濟學家推薦保險支出最好占收支結餘的 10% 至 30%。這樣，才能確保你的保險不會無力支付，也不會出現保險投資比率不足的情況。

其次，要重視高額損失，自留低額損失。確定保險需求的首要考慮是風險損害程度，然後是發生頻率。損害大、頻率高的損害優先考慮保險。較小的損失家庭能承受得了的，一般不用投保。而且保險一般都有免賠額，低於免賠額的損失保險公司是不會賠償的，應該放棄低於免賠額的保險。

然後，還需要把保險專案進行科學組合，注意利用各附加險。許多險種除了主約外，還帶了各種附加險；你購買了主險種，如果有需要，也可購買其附加險，這樣可以避免重複購買多項保險。例如：購買人壽險時附加意外傷害險，就不需要再購買單獨的意外傷害險了。附加險的保費比單獨保險來說較低，可以節省保費。所以綜合考慮各保險專案的合理組合，既可以得到全面保障，又能夠有效利用資金。

對於家庭來說，必須識別家庭所面臨的風險，根據風險種

類和發生的可能性來選擇險種。例如：家庭中男主人是主要收入者，是家庭的經濟支柱，而且從事危險程度較高的工作，因此家庭的首要保險就應該是男主人的生命和身體的保險。

## 知識連結

人生最大的迷，就是未來。任何人無法預料一個家庭是否會遇到意外傷害、重病、天災等不確定因素。保險是一把財務保護傘，它能讓家庭把風險交給保險公司，即使有意外，也能使家庭得以維持基本的生活品質。保險投資在家庭投資活動中也許並不是最重要的，但卻是最必需的。老百姓投保的誘因主要有：買一顆長效定心丸（家庭生活意外的防範）、居安目前，更要思危（未來風險的防範）、養兒防老，不如投資保險等原因。城鄉居民可供選擇的保險險種多種多樣，主要有財產保險和人身保險兩大類。家庭財產保險是用來補償物質及利益經濟損失的一種保險。已開辦的涉及個人家庭財產保險有：家庭財產保險、家庭財產盜竊險、家庭財產兩全保險、各種農業種養業保險等。人身保險是對人身的生、老、病、死以及失業給付保險金的一種險種。主要有養老金保險系列、返還性系列保險、人身意外傷害保險系列等。

# 4. 股票投資是市民投資的寵物

### 新聞回顧

　　九歲初步了解股票，國中開始自己操作，高中階段幸運的從股市賺到一百萬元。個人有如此的炒股經歷，給人感覺有點不可思議，可生活中就有這樣的傳奇股民。他就是這麼一名高中階段就從股市賺到一百萬的年輕股民。投資買股票，也不是隨便看著哪支好了就可以買的，這還需要具體的理性分析，因為這需要更多的專業知識。

### 話裡話外

　　經濟學家在一次訪談中說：炒股不創造財富，只是財富的再分配，是把錢從這個人的口袋裡拿到那個人的口袋裡罷了。炒股要能增加財富，如同一個人想抓著自己的頭髮離開地球一樣，是很荒唐的，進而，他認為股市很像個大賭場。

　　經濟學家的話引起了經濟學界的軒然大波，更讓股民們憤憤不平，有那麼多人靠股市賺到了房子買到了車，他怎麼說炒股不創造財富？

　　這裡需要說明的是，經濟學家說的「財富」不是你銀行帳戶裡的財富。股票可以給某些人帶來更多的錢，但是它不能憑空

讓一塊金子變成兩塊。想說清楚這個道理，還要分析一下股票是什麼。

股票，其實是一種權利憑證，是股份有限公司在籌集資本時向出資人發行的股份憑證，代表著其持有者（即股東）對股份公司的所有權。這種所有權是一種綜合權利，如參加股東大會、投票表決、參與公司的重大決策、收取股息或分享紅利等。

同一類別的每檔股票所代表的公司所有權是相等的。每個股東所擁有的公司所有權份額的大小，取決於其持有的股票數量占公司總股本的比重。也就是說，你是公司的一分子，公司發展需要錢，你給公司出了錢，公司就給你一個憑證，靠這個憑證，你就可以參加股東大會，對公司的某些決策發表看法，等到公司賺了錢，你可以分到你應得的那一份。你出的多，權利就大，拿的就多。你出的少，權利就少，拿的就少。並不是你借錢給公司，而是你「入夥」一起經營、管理公司。你和公司之間不是債權債務關係。你是公司的所有者，以出資額為限對公司負有限責任，承擔風險，分享收益。

股票一般可以透過買賣方式有償轉讓，股東能透過股票轉讓收回其投資，但不能要求公司返還其出資。股票持有者憑股票從股份公司取得的收入是股息。股息的發配取決於公司的股息政策，如果公司不發派股息，股東沒有獲得股息的權利。

優先股股東可以獲得固訂金額的股息，而普通股股東的股

息是與公司的利潤相關的。普通股股東股息的發派在優先股股東之後，必須所有的優先股股東滿額獲得他們曾被承諾的股息之後，普通股股東才有權利發派股息。

　　股票至今已有近四百年的歷史，它伴隨著股份制公司的出現而出現。隨著企業經營規模擴大與資本需求不足，要求一種方式來讓公司獲得大量的資金，於是產生了以股份制公司形態出現的、股東共同出資經營的企業組織。

　　做股票和做任何生意一樣，做什麼行業，做什麼產品，什麼時間做最好，具體每一步該怎麼做，這都是事先要想好的。具體到股票，包括以下幾個方面：

 (1) 選時，選擇最有利的時機介入。市場是有週期性的，漲多了就會跌，跌多了就會漲，所有的證券市場都是這樣。當大盤下挫時，98% 的股票都會下跌，這時最好不要建倉。大盤企穩並重新上行時建倉最好，日均線系統是否處於多頭狀態或正在形成多頭狀態，在三十日均線上方或有效突破三十日均線時建倉，成功機會可能會大一些。

 (2) 選股，建一個適合你的投資風格的股票池。你不可能追蹤所有的股票。你要仔細的閱讀每家公司的年報、中報、季報和其他公開資訊，從中選出有良好預期的個股，堅持對他們進行追蹤，在適當的時機採取行

動。如果你每天只關注三四檔股票，你的工作量就會相對較小，精力更加集中，操作成功的機會就會大大增加。季度每股收益是否有大幅的成長，以及上市公司的成長性，是股價上漲最主要的推動力。基金的研究能力較強，捕捉市場機會的能力也很強，他們是否願意買進一檔股票，也可以作為你選股的參考。

(3) 做一個詳細的操作計畫。這樣能記錄你在買進股票時的想法，可以幫助你控制情緒，讓你有一個思考的過程，便於你總結經驗教訓。

(4) 如何在股市獲得穩定的利潤。人們通常認為股市高手每戰必贏，神祕莫測，可望而不可即，其實不然。高手成功概率大都在 50% 左右，有的甚至不到 50%。怎麼獲利呢？他們每次的虧損很有限，一般最多在 7%～8% 左右，而他們每次的盈利都在 20%、30%，甚至幾倍。這樣，總的看來，他們的收益就很可觀了。如果你也能這樣去做，在看錯了的時候堅決停損，在看對了的時候堅持持股，在獲利豐厚時盈利平倉，你也能獲得可觀的盈利。只買基本面有良好預期的股票，只在適當的時機買進有技術面支援的股票，設立停損位和盈利位，做一個詳細的計畫，總結經驗和教訓，堅持下來，你就建立了一個良好的獲利模式。這樣，

你一定能在股市中實現穩定的利潤。

有一位權威的經濟學家說，經濟學是一門由簡單的常識加上複雜的術語包裝起來的學科。這話雖然是戲言，卻道出了經濟學的真諦。股票炒作的原理又何嘗不是如此呢？

在股票市場上，有許許多多的、大同小異的、流派各異的理論和分析技術，每一種理論和分析技術都有各自的應用原理和實用之處。但是，殊途同歸，任何理論和技術的出現，終極目的都是相同的，只不過是各自的切入點略有不同而已。

作為一位投資者，要想在股市上獲得真正的成功，其實並不需要將所有的理論和分析技術都弄通弄透，炒股並不需要那麼多繁文縟節的東西。越是簡單實用的東西，越能夠直截了當實現自己的盈利目標。

因此，在股市上炒作，往往只需要一種簡單實用的炒作原則，一些最簡單的常識，一套堅決執行的紀律和屬於自己的炒作風格就已經足夠了。

### 知識連結

股票投資 (Stock Investment) 是指企業或個人用累積起來的貨幣購買股票，藉以獲得收益的行為。利息稅的徵收範圍雖然也包括個人股票帳戶利息，但對股票轉讓所得，國家將繼續實行暫免徵收個人所得稅的政策，因此，利息徵稅後，謹慎介入股市，亦是一條有效的理財途徑。將活期存款存入個人股票

帳戶，你可利用這筆錢申購新股。若運氣好，中了籤，待股票上市後拋出，就可穩賺一筆。即使沒有中籤，仍有活期利息。如果你的經濟狀況較好，能承受一定的風險，也可以在股票次級市場上買進股票。黃金、房地產和股票被經濟學家認為是當今世界三大投資熱點。股票作為股份公司為籌建資金而發行的一種有價證券，是證明投資者投資入股並據以獲取股利收入的一種股權憑證，早已走進千家萬戶，成為許多家庭投資的重要目標。股票投資已成為老百姓日常談論的熱門話題。由於股票具有高收益、高風險、可轉讓、交易靈活、方便等特點，成為支撐股票市場發展的強大力量。股票投資的報酬可以透過計算股票投資收益率來反應。實際收益率＝〔年股利－年股利 × 稅率〕／發行（購買）價格 ×100%。

# 5. 黃金市場給你帶來「黃金機遇」

### 話裡話外

民國時期的著名畫家吳徵收入很多，但生活儉樸。一次同樣為畫家的陳巨來問他：你如此節儉，有多少鈔票？吳說：我每隔一個時期，必以鈔票買黃金收藏，所以鈔票最多只有五百元。陳又問他：現在有多少金子？吳答：畫家哪能與做官比，我畫了幾十年畫了，至今只有一百三十餘斤而已。陳問：放在銀行嗎？吳笑說，那要付保險費的。說完，即指自己睡的大床：「你看，這床四腳特別粗大，是我訂做的，中間全空，可放許多金條金塊。」又指房間兩個大馬桶，說：「我雖有女傭，倒馬桶的事，必須太太自己做，因為馬桶完全是夾層的，放金子呀。」吳得意的說，雖有強盜，亦想不到馬桶底裡有金子。隔了一年，陳巨來戲問：現在有幾百斤了？吳說：一百五十斤還不到。

在民國那個經濟混亂的時代，作為畫家的吳徵不藏鈔票藏黃金，可以說是非常正確的投資理念。

黃金作為一種貨幣，具有不變質、易流通、保值、投資、儲蓄等多種功能，當然，黃金的價格也會有變動，不過到任何時候，就算所有的紙幣都不能花了，黃金仍可以充當貨幣。因此，黃金成為人們新的投資品種，尤其在不確定的經濟、政治

環境下，黃金作為「沒有國界的貨幣」更受人們的青睞，成為永久、及時的投資方式。

有業內專家指出，和債券、股票等信用類金融產品相比，黃金不存在信用上的風險；此外，差不多所有人都認可其價值，因此能在全球任何一個市場變現。目前黃金買賣容易，交易費用很低，投資者主要是用其來對抗通貨膨脹。金頂黃金投資集團總裁兼首席投資官陶行逸表示，政府促進黃金市場發展的計畫表明，新興市場的黃金投資需求正在急劇成長，而經濟強勁擴張帶來的居民可支配收入成長以及出於對沖通膨的需求。在經濟不振，特別是對紙幣的信任出現動搖時，黃金的貨幣屬性尤其具有吸引力。

現階段主要的黃金投資品種有實物金、黃金存摺和黃金期貨三種。

實物金買賣包括金條、金幣和金飾等交易，以持有黃金作為投資。這種投資的實質報酬率基本與其他方法相同，但涉及的金額一般較高，必須支付儲藏和安全費用，而且持有黃金沒有利息收入，只可以在金價上升之時才可以獲利。一般的飾金買入及賣出價的差額較大，視做投資並不適宜，金條及金幣由於不涉及其他成本，是實物金投資的最佳選擇。黃金現貨市場上實物黃金的主要形式是金條和金塊。金條有低純度的沙金和高純度的條金。條金就是俗稱的「金條」，一般每條重四百盎司

（1 盎司相當於 28.35 克）。

　　紙黃金，通俗的說就是黃金的紙上交易，投資者的買賣交易記錄只在個人預先開立的「黃金存摺帳戶」上展現。由於紙黃金是不依賴實物的交易，所以不用擔心黃金的儲存、保管，它是以資料的形式記錄在銀行的資料庫中。其安全性要遠遠高於銀行存款。紙黃金交易中，投資者無須透過實物的買賣及交收來實現交易，而是採用記帳方式來投資黃金，由於不涉及實物的交收，交易成本可以更低。從變現的程度來說，紙黃金的變現是瞬間到帳的，比股票更具有彈性，只要願意，投資者可以在買入幾分鐘後賣出，而這在股市是不可能實現的。

　　紙黃金也並非沒有缺陷。雖然它可以等同持有黃金，但是一般不可以換回實物，如想提取實物，只有補足足額資金後才能換取。

　　要注意的是，紙黃金和實物黃金的共同缺點就是不能做空，也就是說，當黃金價格下跌的時候，投資者就無法進行黃金投資操作了，只能等待下次上漲。如果投資者手中持有黃金，而沒有及時賣出，那麼只能承擔黃金價格下跌的損失了。

　　黃金期貨投資的缺點是風險較大，需要較強的專業知識和對市場走勢的準確判斷。由於黃金投資的主要目的是保值而不是增值，所以黃金期貨嚴格來說並不能展現黃金投資的優勢，與其他商品期貨投資更為接近。

事實上，近幾年來金價大幅上漲，在基本上可以歸因於其作為避險貨幣的特性。與其他任何貨幣一樣，黃金實際上也有多種價格。有研究指出，無論以哪種主要貨幣來計價，長期以來黃金價值都保持了相當的穩定性。而如今的市民們買黃金，不再是買項鍊、耳環等首飾，而是買成塊的金條。日前，有專業人士調查了解到，黃金上漲的原因主要有：

1  美元貶值：這是黃金走強的最重要原因。

2  通膨以及全球貨幣不穩定性是黃金價格上漲的催化劑：為了挽救處於危機中的經濟，全球主要國家紛紛向市場注入流動性資金，尤其以美元為最，對全球經濟將進入通膨或滯脹的看法已經成為市場主流。

3  油價飆升帶來的通貨膨脹壓力：油價和金價是一對孿生兄弟，油價漲，金價也跟著漲，反之亦然。而各都市的黃金購買率也一直在攀升。在房地產、股市低迷的情況下，黃金成了市民投資的焦點。對於的市民來說，還是來點穩的比較保險。

## 知識連結

黃金一直是人們心目中財富的象徵，是世界通行無阻的投資工具。只要是純度在 99.5 以上，或有世界性信譽的銀行或黃金自營商的公認標誌與文字的黃金，不論你攜帶到天涯海角，都能依照當日倫敦金市行情的標準價格出售。黃金作為最佳保

值工具，自古受到投資理論和普通投資者的青睞，認為在傳統的股票及債券資產以外必須擁有黃金才是最佳策略。特別是在動盪不安的世界裡，許多投資者都認為只有黃金才是最安全的資產。所以，投資者都一致把黃金作為投資組合中的重要組成部分。黃金投資形式有六大類：實金投資（即金條）、金幣投資、金飾投資、現貨黃金、紙黃金、黃金期貨。投資黃金能賺錢，主要是看升值。金價雖會因國際政治、經濟局勢而略有起伏，但整體上將是平穩小漲。

# 6. 高投入高產出的房地產

## 話裡話外

有些人會說了，我自己買房子住還買不起呢，怎麼還能拿房子來投資？這樣想就錯了，房子不但可以投資，還可以賺到不少錢。如果你有一筆閒錢，存在銀行裡利息太低，炒股又擔心風險太大，那麼投資房地產也是一個不錯的選擇，既可收取租金，又可期望升值變現。

從房地產的走勢中長期看，房地產價格應是上漲的過程，因為房地產不同於金融投資品，它有一定的剛性需求。房地產始終是必需品，而且，逐漸都市化建設，城鎮還將會有新增加的人口，必將也會帶動房地產市場。

席女士是個典型的投資者，但投資數額不多，不願意冒著很大的風險做投資。對於如果有閒置資金這一問題，席女士選擇了房產，用她的話來講，房產風險至少要比股票小，作為現代化國際大都市，未來還將會有人口增加，雖然樓市低迷，但她看的是長遠的打算。「如果說短期下降，並沒有什麼，即使降價，降價幅度也沒有漲價幅度大，從近兩年來看，雖然房價有時候有跌幅，但實際上一直是在上漲的過程中，」席女士說。席女士還說，選一處房產來投資，實實在在的東西在，心裡也

踏實。投資房地產，確實讓一些人一夜之間成了富翁，它可能讓一位看上去普普通通的老太太，擁有千萬元價值的房產，靠收房租為生。投資房地產的想法在一般人看來有些超前了。眾所周知，以買賣形式進行房產交易，存在著較大的風險性：一是低買高賣的時機難以把握；二是交易成本高，且缺乏靈活的變現能力。但買房用於出租，以收租獲取投資回報則靈活得多。而且業內人士亦認為，買房除滿足自己居住需求外，用於租賃投資將成為一種發展方向，這也是住房市場化的必然結果。

物業的投資價值主要決定於該物業的服務品質、租金回報和地理位置。而在內地一些都市，物業服務的品質是租房者關注的重點。

由於投資者大部分不是建築業專家，因此，很難對物業的內在品質進行評估和判斷。所以，考察發展商的實力和開發物業以前的業績，就成為最直接也是最有效的辦法。

與商業用房相比，投資住宅一般比較安全，只要區位不是特別偏遠，升值會比較穩定。需要注意的是，你要設法了解都市的規劃，選擇那些規劃規模較大，各項基礎設施完善，正處在開發之中的專案進行投資，因為這類專案一旦開發建成之後，房產的價格肯定會比你購買時的價格高出很多。

有不少購屋者，在選擇商品房時，以選擇郊區或新區的住宅為目標，他們的精明同樣令人佩服。購買同樣面積一套市中

心住宅,其價格相當於購買郊區(或新區)住宅加上轎車,且居住環境、增值潛力等均要比購買市中心住宅優越。

　　投資房地產需要有長遠的眼光。商品房買賣是各類商品買賣中動用資金最大、各種制約因素最多的一種交易活動,因此,在交易過程中,不但要詳知各項程序和操作方法,而且要講究策略,考慮好房產的升值空間。那麼,什麼樣的房產最具有升值潛力呢?

　　首先,房產作為不動產,其地理位置是最具升值潛力的條件。那些地鐵、大型商圈、交通樞紐等地段的房產生值潛力比較大。

　　其次,所購屋產周邊的基本配套設施和政府綜合城區規劃的力度和預期,是否有便捷的交通、學校,都將為房地產升值起推動作用。

　　再次,房產所屬社區的綜合水準,物業設施、安全保障、公共環境以及房屋本身的價值等,都是房產升值的評判標準。

　　最後,還要看該房產所屬地的出租率和租金情況。總的來說,不動產作為商品有兩種變現方法:一是出售,二是出租。一個地區的不動產銷售資料有時會失真,但出租行情作為終端使用者的直接使用,其租金和出租率較為真實,會明確的告知你該地區物業的真實價值;同時,租金和出租率也是不動產短期收益的衡量指標。

那麼，如何考察一處房產的潛在價值呢？如果將購買的房子租出去，會賺錢嗎？我們用三個簡單的公式即可粗略的計算出房產大體的價值。

第一種是用租金乘數估算。租金乘數是比較全部售價與每年的總租金收入的一個簡單公式，即：租金乘數＝投資金額÷每年潛在租金收入。如果得出的結果小於十二，即在合理購買範圍之內。如果一處房產的租金乘數超過十二，就可能帶來負現金流。

第二種是用十五年租金收益比較購買價。這種計算方式也是國際專業理財公司評估物業的常用方法，是以十五年為期比較房產購買價格。如果該房產的年收益乘以十五，小於房產購買價，該物業價值已經被高估。

第三種是用投資回收期進行計算。投資回收期法考慮了租金、價格和前期的主要投入，比租金乘數適用範圍更廣，還可以估算資金回收期的長短。計算公式為：投資回收年數＝（首期房款＋期房時間內的貸款）÷Z〔（稅後月租金減去按揭月供款）乘十二〕這種方法可簡略估算資金回收期的長短，一般來說，回收年數越短越好。

以上三種方法是房產投資時最常用的估算方法，有的只需進行簡單的預測和分析即可幫助投資者快速做出判斷，有的需要進行專業投資分析，計算另外一些指標以增加可靠性。比如：

一處地段好的房產可能現在的租金回報率不高，但具有較佳的升值前景，或者一套普通住宅能夠享受稅收減免，一定程度上能夠彌補過高的租金乘數。值得房產購買者注意的是，這其中並沒有考慮如通貨膨脹、貨幣升值等問題。因此，該方法適用於對房產做出大致的價值參考判斷。

### 知識連結

房地產作為世界三大投資焦點之一，向來受到店家的青睞。房地產是房產（房屋財產）和地產（土地財產）的合稱。其實，房地產除了滿足居民家庭居住需求（遮風避雨）外，兼具保值增值的功效，是防止通貨膨脹的良好投資工具。一個家庭，要投資於房地產，應該作好理財規劃，合理安排購屋資金，並學習房地產知識。畢竟，購屋對於每個家庭都是一項十分重大的投資。房地產市場分三級：一級市場（國有土地）、二級市場（建商開發經營活動場所）、三級市場（房地產再轉讓、租賃、抵押場所）。投資者可根據實際情況，選擇長線投資和短線投機進行操作。購得房地產後，投資者應隨機應變，待市場大幅看漲時，果斷脫手套現，獲取大筆價差收入。

## 7. 投資，你買基金了嗎

### 新聞回顧

在股市前期反彈中踏空基金公司已經開始加倉追漲，但他們對這波行情的定義更傾向於「反彈」而非「反轉」，而對於剛剛經歷了一年熊市的基金投資人而言，又該以何種策略來抄基金的底呢？

### 話裡話外

當你終於下定決心要投資了，但自己一無精力；二無專業知識；三呢，錢也不算多，就想到與其他幾個人合夥出資，雇一個投資高手，操作大家合出的資金進行投資增值。但這裡面，如果投資人都與投資高手隨時交涉，那還不亂了？於是就推舉其中一個最懂行的牽頭辦這事，定期從大夥合出的資產中按一定比例提成給他，由他代為付給高手勞務費報酬。當然，他自己牽頭出力張羅大大小小的事，包括挨家跑腿，有關風險的事向高手隨時提醒著點，定期向大夥公布投資盈虧情況等等，不可白忙，提成中的錢也有他的勞務費。上面這些事就叫做合夥投資；將這種合夥投資的模式放大一百倍、一千倍，就是基金。

基金是一種以投資時間的長度換取低風險高收益的品種，是一種少勞而多得的投資品種。它能在獲得財富、承受風險、投入時間之間取得很好的平衡，讓投資人在享受物質財富成長的同時，擁有一份安心而悠閒的生活。如果我們二十四歲每年投入一萬元買基金，而該基金能夠每年成長 12%，那麼到六十歲的時候，我們都會成為百萬富翁。

　　簡單一句話，基金就是讓專家幫忙打理你的財富，你和他都從中獲取一定的收益。如果說買股票是親自「玩心跳」，買基金則是找一個你覺得放心的人，替你「心跳」，你坐享其成。當然了，這便宜不是那麼好占的，你不能著急，不能像股票那樣很快獲得收益，一般來說，基金是一項長期投資計畫，最少半年才有分紅。

　　這些基金資產就放在銀行，而建立一個專門帳戶，由銀行管帳記帳，稱為基金託管。銀行的勞務費（基金託管費）也得從大家這些錢中按比例抽一點按年支付。所以，基金資產相對來說只有因那些高手操作不好而被虧損的風險，基本沒有被偷挪走的風險。

　　如果這種公募基金在規定的一段時間內募集投資者結束後宣告成立，就停止不再吸收其他的投資者了，並約定大夥誰也不能中途撤資退出，但以後到某年某月為止我們大家就算帳散夥分包袱，中途你想變現，只能自己找其他人賣出去，這就是

封閉式基金。

如果這種公募基金在宣告成立後，仍然歡迎其他投資者隨時出資入夥，同時也允許大家隨時部分或全部地撤出自己的資金和應得的收益，這就是開放式基金。

不管是封閉式基金還是開放式基金，如果為了方便大家買賣轉讓，就找到證券市場將基金掛牌出來，按市場價在投資者間自由交易，就是上市的基金。

把自己的錢交給專家打理，你是不用像股民一樣盯著股市心驚膽跳了。但是，到哪裡去找這個放心可靠的「專家」呢？換句話說，如何選擇什麼基金呢？

如何去選擇基金，是個非常老套的話題，「在買基金前，首先了解自己資金的特點。如果不是兩年之內可以不動用的錢，那麼你就不要去投資股票基金。」在各種短期資金，甚至包括信用卡透支資金都開始進入基金市場的時候，林女士的觀點實在有點驚世駭俗。她強調，尤其是沒有時間彈性和金額彈性的錢，不要用來投資於股票基金，否則，就是投機，就是賭未來市場走勢持續向上的可能。而本質上，市場是沒有人能夠準確預測的。比如說，你的錢是一年以後要給孩子繳學費的，那麼這個錢是既沒有時間彈性又沒有金額彈性的，到期你必須從市場上拿出確定的錢來。進入市場後一旦出現虧損，面對越來越近的交款時間，是停損還是繼續？此時投資者的心態很難

理性決策，加上市場的短期波動，出現投資損失是正常的。因此，這樣的錢，最好選擇更為穩健的貨幣基金或者其他的理財產品，而不要投資於股票基金。但是，如果這筆錢是用來買車的，那麼就具有較大的彈性。因為車可以晚點買，因此該資金就具有一定的彈性。反映在投資上，貪婪與恐懼對我們的決策影響會更少些，操作會更從容些，而由於其時間彈性，獲利的可能性也會加大。

其次，你還要判斷你的風險承受能力。這時候，你要問自己兩個問題，你能承受多少的損失？當損失真的發生了，你會怎麼辦？這些問題想清楚了，然後仔細研究一下基金管理公司，看看哪家的歷史業績、公司穩定性更值得信賴。再選一個適合自己心理承受能力的產品：原則上投資股票基金的心理承受至少需要 20%，投資債券基金需要 5% 以上，如果是一個最高六成股票投資的基金，大概的心理承受也需要在 12% 左右。之後才是選擇一個符合自己個人偏好的投資策略、投資理念等其他內容。透過以上分析，可以每類產品選二至三個公司的三至四個產品進行投資，就可以降低自己的基金選擇風險了。基金投資最基本的策略就是長期持有。只要資金性質是長期可投資的，購買基金之後，每季度基金季報出來時，關注一下基金季報的情況與基金評級的情況，如果購買的基金業績在每季度中能夠排在相似基金的前 50%，長期排在四星以上，就說明選

擇成功。如果發生基金經理調整、基金評級持續下降到兩星，就需要考慮一下是否要贖回、調整了。每年根據各評級機構的評級情況，可以考慮將排名在後 50% 的贖回或轉換，調整到綜合評價在前列的基金，爭取自己的投資能夠有持續獲得較高收益的概率。

總之，投資基金是個放長線釣大魚的工作。購買基金就是承認專家理財要勝過自己，就不要像炒股票一樣去炒作基金，甚至賺個差價就贖回，你要相信基金經理對市場的判斷能力。其實人人都知道一個道理，那就是「錢」追「錢」比「人」追「錢」來得更快捷有效。但投資一定要理性，要視自己的風險承受能力來選擇，不可盲目。投資不當的話，不僅沒幫你賺到錢，還可能帶來更加嚴重的財務後果。合理安排投資計畫，管理投資資產，這點對於投資者非常重要。

### 知識連結

投資基金是指基金發起人透過發行基金券（即受益憑證），將投資者的分散資金集中起來，交由基金託管人保管、基金管理人經營管理，並將投資收益分配給基金券的持有人的一種投資方式。居民家庭購買投資基金等於將資金交給專家，不僅風險小，亦省時省事，是缺乏時間和專業知識的家庭投資者最佳的投資工具。

# 8. 讓你受益適中的投資 —— 債券

## 話裡話外

債券是一種有價證券，是國家政府、金融機構、企業等社會各類經濟主體為籌措資金而向債券投資者出具的，並且承諾按一定利率定期支付利息和到期償還本金的債權債務憑證。由於債券的利息通常是事先確定的，所以，債券又被稱為固定利息證券。

債券作為一種債權債務憑證，與其他有價證券一樣，也是虛擬資本，而非真實資本，它是經濟運行中實際運用的真實資本的證書。債券作為重要的融資手段和金融工具具有如下特徵。

(1) 償還性。債券一般都規定償還期限，發行人必須按約定條件償還本金並支付利息。

(2) 流通性。債券一般都可以在流通市場上自由轉讓。

(3) 安全性。與股票相比，債券有固定的利率，與企業績效沒有直接聯繫，收益比較穩定，風險較小。此外，在企業破產時，債券持有者享有優先於股票持有者對企業剩餘資產的索取權。

(4) 收益性。債券的收益性主要表現在兩個方面，一是投資債券可以給投資者定期或不定期的帶來利息收入，

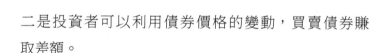

二是投資者可以利用債券價格的變動，買賣債券賺取差額。

在許多投資者的印象中，債券四平八穩的，雖穩健但收益不高，投資債券很難成為百萬富翁。這種想法是錯誤的。

其實，債券市場並非只會製造百萬富翁。國庫券倒賣出了百萬富翁，而國債一級半市場曾變現出了千萬富翁，國債期貨市場也曾搏殺出了億萬富翁。因此，還是應了那句話：沒有不賺錢的市場，只有不賺錢的投資。所以，只要投資正確、投資恰到好處，債券市場一樣製造百萬富翁。理財專家認為，投資債券基金因其自有特點，並不適合每位投資者，對那些收入不是很高，無風險承受能力，但對資金流動性需求不高的保守投資者較為適合。首先要看基金公司的實力和債券基金的資產配置。債券基金的表現主要取決於基金公司的整體實力，一般而言，投資管理能力強、風險控制體系完善、投資服務水準高的基金管理公司所管理的債券基金，有可能為投資者取得長期穩定的業績。此外，純債券基金風險低，而增強型債券基金既可用債券投資獲得穩健收益，也可當股票市場出現投資機會時獲得較高收益。其次要看債券基金的投資範圍。時下，債券基金之所以能在股市持續震盪下跌過程中抗風險，主要在於債券基金與股市有相當程度的「脫離」關係，即債券基金絕大部分資金並不投資於股票市場，而主要透過投資債券市場獲利。再次要

看債券基金的交易費用。

目前債券基金的收費方式大致有三類：A 類為前端收費，B 類為後端收費，C 類為免收認／申購贖回費、收取銷售服務費的模式，其中 C 類模式已被多隻債券基金採用。不同債券基金的交易費用會相差兩到三倍，因此投資者應盡量選擇交易費用較低的債券基金產品。譬如：老債券基金多有申購、贖回費用，而新發行的債券基金大多以銷售服務費代替申購費和贖回費，且銷售服務費是從基金資產中計提，投資者交易時無需支付。業內專家認為，儘管伴隨著 A 股持續下跌，債券基金產品的熱度有所升溫，但投資者也不要見到債基就買，在挑選債券類基金產品時，要特別注意債券基金產品的資產配置、交易費用以及利率風險和合約終止條件的限制等。投資債券基金雖然可以規避股市風險，但也會失去相當大的機會成本。如果未來股票市場出現反彈甚至反轉，那麼，部分資金就可能從債市回流股票市場。所以投資債券基金也要經得住股市的大漲，耐得住寂寞。

### 知識連結

債券 (Bonds) 是政府、金融機構、工商企業等機構直接向社會借貸籌措資金時，向投資者發行，承諾按一定利率支付利息並按約定條件償還本金的債權債務憑證。債券的本質是債的證明書，具有法律效力。債券購買者與發行者之間是一種債權

債務關係，債券發行人即債務人，投資者（或債券持有人）即債權人。債券是一種有價證券，是社會各類經濟主體為籌措資金而向債券投資者出具的，並且承諾按一定利率定期支付利息和到期償還本金的債權債務憑證。由於債券的利息通常是事先確定的，所以，債券又被稱為固定利息證券。

## 9. 簽帳金融卡，還能理財用

### 話裡話外

眼下提起理財，人們往往首先會想到股票、基金等投資理財方式。沒錯，這的確是家庭理財的一個方面，不過，要想真正讓家庭步入理財階段，「開源」只是一方面，更重要的是注意「節流」。存錢、取錢和刷卡消費，是目前人們對簽帳金融卡的普遍認識。事實上，在持卡消費過程中，簽帳金融卡還可能成為你理財的好幫手，正確使用簽帳金融卡，不僅能夠省錢，甚至還能錢生錢。目前，簽帳金融卡主要有借記卡和信用卡兩大類，很多人認為只有信用卡才能用來理財，其實不然，只要用心發掘，我們日常生活中用得最多的借記卡也能成為我們的家庭理財小幫手。首先需要明確的是，借記卡不能夠透支，必須繳存一定的備用金後使用，其主要功能是作為存取日常個人流動資金使用，不過除此之外，可以作為買賣股票基金的保證金帳戶，此外還可以用來投資黃金等，享受網路上投資基金優惠等等。信用卡的好處：

1　信用卡無須繳存備用金：「先消費，後還款」，刷卡消費享受一定的折扣優惠，消費積分還可以換禮品，長期堅持也是一筆「意外之財」。

99

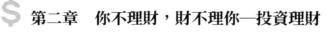 

2　充分利用信用卡的免息分期：一般來說信用卡都有最長五十天左右的免息分期，我們可以合理利用這一點讓銀行的錢為我們生錢，日常消費用信用卡，手頭的現金用來作貨幣基金、債券基金等流動性強的短期投資來獲取收益，幾張不同銀行的信用卡循環使用效果更好。

3　常備的流動資金：在日常生活中難免會遇到急需用錢的突發情況，對於手頭沒有準備應急資金的人來講，信用卡相當於給我們一筆應急資金，不要小看這筆錢，現在很多銀行的信用卡透支額度最高有十萬多元，如果有幾張銀行信用卡，這可是一筆不小的流動資金呀！

### 知識連結

如今幾乎人人持卡，如果你僅僅把簽帳金融卡當做存取款、代繳費的工具，那簡直太「浪費」它們了，「英雄無用武之地」啊！其實，從普通的借記卡到可以「先消費，後還款」的信用卡，都各具特色，若使用得當，不僅可以享受多多便捷，還可以幫您省錢，甚至可以賺錢，實現個人理財的目的。利用信用卡理財首先要擺脫借錢跌份的舊觀念，大膽嘗試「用明天的錢改善今天的生活」現代生活的方式。

# 10. 收藏品投資 ——
## 藝術與金錢的系統結合

### 話裡話外

常言道：「亂世藏黃金，盛世興收藏。」近些年來，收藏品的價格屢攀高峰，如徐悲鴻油畫《放下你的鞭子》以七千二百萬港幣成交，畢卡索《拿菸斗的男孩》以一億美元成交，更有的瓷器竟然動輒就拍出數十億的天價，這些驚人的價格究竟是如何出現的？而收藏品的價格又是怎樣來確定的呢？

藝術性、工藝性、歷史文化性和稀有性，這幾方面共同構成了藝術品的價值。物以稀為貴，名人名作價格高昂是因其在世存量稀缺，當社會的財富日益膨脹的時候，供需關係緊張，收藏品的價值就會日益成長，價格持續攀高，上述天價油畫的出現就不足為奇了，並且紀錄會不斷刷新。人類文化產品涵蓋範圍廣博，小說、詩歌、電影、歌舞、音樂、體育……都在其中，然而它們都不可能作為私有財產以物化的形式保存、升值。而藝術收藏品較其他藝術形式，是唯一具備著上述功能的藝術形式，也是唯一一種隨消費過程不會貶值，反而保值和升值的特殊消費品，它的特性保證了其價值有可能呈幾何級

數成長。

收藏品一直是比較爆冷的投資，因為這項投資有著巨大的收益和風險，因此，投資策略就顯得特別重要。尤其是對於沒有經驗的新手來說，正確的投資方式能夠讓自己規避風險、獲得收益。根據收藏品投資的自身特點，我們不難發現，投資者應該練就一雙慧眼，應該循序漸進，應該長線投資、集中化投資。所以要想投資這項，練就一雙火眼金睛必不可少。特別是古董，如果沒有專業知識是不可輕易介入的。實際上，許多識貨行家也會陰溝裡翻船，甚至許多贗品還躲避了許多專家的眼光，堂而皇之的進入了許多國家的藝術殿堂。

那麼，怎麼練就火眼金睛呢？一開始，應根據自己的興趣，閱讀研究有關資料，多逛逛市場，經常看看展覽，參加些拍賣會，多看，多聽，少買，慢慢培養一定的鑒賞能力。有機會還要多結交一些志同道合的朋友，互相切磋提高，在實踐中累積經驗，不斷提高鑒賞水準。選擇收藏品還要考慮自身的支付能力。收藏品投資不是富翁的專利，資金大有大的投資法，資金小有小的投資法。如果是新手，不妨選擇一種長期穩定升值的收藏品來投資，也可以從小件精品入手。一開始時起步低一點，進行小投資，即使虧了也能自己承擔，藉此過程提高自己的鑒賞能力和投資水準；其後再進行大一點的投資；最後向更大的投資進軍。此外，還要正確估算收藏品的投資淨值。要

充分考慮購買收藏品、保管收藏品和出售收藏品所付出的各種費用。確定收藏品有一個現成的、價格合理的買賣市場。因此，不能只圖便宜，希望花小錢能買到好東西，或只是揀價格低的買入。只要物有所值，就可大膽買入，否則會錯失精品，喪失盈利機會。對於一個剛剛起步的收藏愛好者，怎樣才能進入收藏品投資領域？為穩當起見，起初還是以收藏一些大眾收藏品為佳，這些藏品既要具有一定的水準，又最好是低價位：

1　先花數千元，買一些普通的大眾收藏品，比如一些價格較為穩定的熊貓銀幣和 JT 小型張精品。這樣的時期大約要一年半載，目的是適應一下收藏市場的途徑與規律。這個時期萬萬不可心急，目的僅僅是熱身，若急於求成進行大規模投資，則反而得不償失。

2　花上數萬元，買一些較有藝術水準的收藏佳品，若你沒把握辨別所買的藏品的優劣真偽，那最好請專家把關，可挑選一些較有升值潛力的中青年畫家的優秀之作，或購買整套紀念價值的郵票。這個時期應該為自己關注的藏品建立資料庫，即掌握相關的拍賣行情，了解相關的收藏知識。

3　有了數萬元的投資經驗之後，才可考慮大規模的投資賺錢，去尋找一條適合自己的、比較熟悉的買進賣出的途徑。投資收藏品，應該先把自己最拿手的這條投

資線做好。

很多收藏愛好者認為，年代越久的收藏品就越值錢。這其實是個誤解。藏品的收藏價值主要展現在歷史文化價值、稀罕程度和工藝水準上。一些古陶器，儘管有數千年的歷史，但因其存世量大、製作粗劣，其價值遠遠低於後世的一些精稀藏品。漢代、唐代一些存世量很大的銅錢，在今天在市面上值不了幾塊；而一些現代工藝的翡翠器物，卻能賣到數十萬元。明清時期，皇帝集中了最優秀的製瓷人才到景德鎮，專為皇家燒製瓷器。這一時期的官窯瓷器不計成本，極為精良，在當時就身價不菲。在近年的一些拍賣會上，明清官窯瓷器的精品動輒拍出數千萬元的驚人價位。而一些民用陶器、瓷器，因做工較為粗糙、沒有什麼工藝價值，當時也只賣幾文錢一個，直至數百年後的今天，其收藏價值仍然不高，只有幾百元一件。

收藏界有這樣一個說法，當時就很值錢的東西，現在仍會很值錢；當時不值錢的東西，現在還是不值錢。說得簡單點，還是要看這東西是否容易得到（包括其生產成本與存世量）。

收藏品的價格彈性很大，即使是同一件收藏品，其價格也會因人、因地、因時而異。有的藏品可能收藏價值並不高，但有人出於特殊愛好，或為寄託某種特別的感情，或為了配齊系列藏品中的缺品，卻視其為珍寶，不惜以大價錢購得。由於各地的收藏氛圍、購買能力不盡相同，一件藏品在不同場合的「身

價」可能會有很大懸殊。「地區差」因此便成為精明商人的生財之道。例如：某國畫大師的一件作品，多年前在一般小都市的拍賣會上成交價僅五萬元，在大都市則拍出了二十五萬元，再拿到國外大城市，成交價可能變成了幾百萬元。

收藏是件很奇妙的事，有人稱其為花錢的「無底洞」，有多少錢都能投進去；但同時也有人說，錢少照樣能搞收藏。其實最重要的還是要根據基本的收藏價值規律，合理的選擇藏品，以藏養藏，保持收藏的持續性。

## 知識連結

現實當今，收藏不僅是一種修身養性的業餘文化活動，它更上一條致富的途徑，是一把打開富貴之門的金鑰匙。在各式各樣的收藏品中，古玩、字畫、錢幣、郵品及火花不但歷史悠久，而且自成體系，在收藏界占據了顯著的位置。還有，諸如紀念章、各種工藝品等都可收藏，人們習慣於把這些收藏品稱之為「三教九流」。收藏愛好者應遵循商界「不熟不做」的至理名言，應熟悉某一收藏品的品種、性質、特點、市場行情及興趣、欣賞原則，及時收藏，待價而沽，達到取得投資收益的最終目的。至於成長的快與慢、高與低，取決於多種因素，就看你是否能慧眼選「股」了。收藏市場有個有趣現象：收藏品越增值，參與收藏的人就越多；收藏的人越多，收藏品增值就越快。近幾年收藏市場正在加快這種「滾雪球」式的良性循環。

# 11. 假期旅行也有理財學問

### 新聞回顧

連假就要到了，大學教師小李準備去玩幾天，同事小王也要去，兩人選擇了不同的方式度假，小李沒有計畫，匆匆忙忙跟了個旅行團，只準備了些平時用的衣物，花了不少錢，小王則不同，他先計畫好了行程，周密部署，巧妙安排，一個假期下來，所用的費用居然比小李少了很多，原來，假期旅行也有理財學問在裡面呢。

### 話裡話外

美麗的理想連假就要到了，又有很多旅遊愛好者做好了長假旅行的安排。旅行中也有理財學問。怎樣在花錢開眼界的同時，做到投資產出效益最大化呢？

（1）制定詳細的出遊計畫。出遊之前先制定出遊計畫。選擇出遊目標要突出重點，再以重點目標為中心沿途選擇其他次級目標。隨後，概算出出遊所需費用，主要包括交通費、景點門票費、食宿費、購物費等等。預算要略有餘地，以備急需。制定出遊計畫，應統籌兼顧，每次出遊都要將就近的主要景點涵蓋，以便與以

後出遊的目標不再重疊，這樣能夠避免某一景點沒有觀光到還要單獨一遊或成為遺憾。

(2) 選擇合適的交通工具。不同的交通工具各有優勢和不足：飛機速度快，省時，但費用高；火車、輪船速度慢，浪費時間，不過費用少，一般家庭能夠承擔得起。如果條件好，可優先選擇飛機，提高觀光效率；如果是經濟型旅遊，可以鐵路、水路交通為主。

(3) 帶上信用卡。如果是以家庭為單位旅遊，一次花費少則幾千元甚至上萬元，帶現金既麻煩又容易遺失，帶上信用卡或行動支付就方便了。各旅遊景點的金融服務和信用卡特約商戶較為發達，可以利用信用卡或行動支付住宿、就餐、購買物品等費用。

(4) 以步代「車」。旅遊重在身臨其境，身體力行的體會、感悟自然和人文景觀中的境界和內涵。隨著旅遊區現代化建設和都市交通的發展，一些人的旅遊已變成一種「坐遊」。出門要「打的」，登山要坐纜車，這種做法不僅多花錢，而且容易走馬看花，失去旅遊的真正意義。以步代車，既可以最直接的觀光，而且還可以節省一大筆交通費用。

(5) 到景區外食宿。一般來說，在旅遊區內食宿要多花費，因此應盡量到景區外食宿。比如：在到達確定的

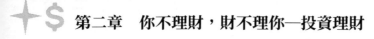 

旅遊景點前，可選擇離景點幾公里的小鎮或郊區住下，然後選擇當地有特色的小吃用餐。遊覽完後，也要再選擇遠離景區的地方住宿。在旅遊中，早餐一定要吃飽吃好。午餐如果在景區內，最好有準備的自己帶些麵包、火腿、礦泉水等方便食品，既省時又省錢。晚餐可豐富一些，以使身體能夠得到足夠的營養補給。

# 12. 外匯投資，穩當嗎

## 新聞回顧

近年來美元匯率的持續下降，使越來越多的人們透過個人外匯買賣，獲得了不菲的收益，也使匯市一度異常熱門。各種外匯理財品種也相繼推出。

## 話裡話外

個人外匯買賣業務，眼下正日益受到眾多投資者的青睞。然而，倘若探尋一下某些投資者的投資收益情況，其回答卻常常十分一致：不理想。匯民小王的經歷便很有代表性。小王匯齡已有兩年，每天晚上再忙，他也要關心匯市動態。然而，他每每總是跟著匯率的波動來回「搭電梯」，虧多賺少。有業內人士總結出「八不要」。

第一，不要胡亂進場離場。我們是投資者，又不是經紀人，多出入只會虧得更多。

第二，不要心中無價。投資者要心中有位，往上往下要心中有數。

第三，不要不設停損單，或是過了心中的止蝕水準，仍然心存希望，不願離場。

第四，不要把放大比率放得太大。意思是說，不要存三百美元去做六萬美元的投機。風高浪急，浪打來的時候，一條載了六個人的船，會較一人的船容易沉。

第五，不要做鎖倉的無聊行動。很多公司都可以鎖倉，其實鎖倉對客戶來說只有百害，而無一利。同一種貨幣又買又賣，客戶只有付出約三厘的利息，因為外匯買賣是有放大比率的，所以看似三厘，但事實上是本金的三、四十厘了。所以如果做錯了，應該平倉計數，重新再來，不要鎖倉。

第六，入市前，多作分析，要看兩面的新聞，看看圖表；入市後，要和市場保持接觸，不要因為自己做好倉，而只看對自己有利的新聞。一有風吹草動，立即平倉為上。

第七，不要做頑固分子。炒匯有時要看風使舵，千萬不要做老頑固。萬種行情歸於市，即是說，有時有利好的消息入市，市況不但沒有做好，反而下跌，即使您先前的分析錯了，請即當機立斷，不要做老頑固。

第八，不要聽從那些所謂專家的言論，我們要有獨立思考，不要人云亦云，下單前要有深思熟慮。

# 第三章　買與賣的學問 ——

# 市場貿易

　　「買一送一」划算嗎？為什麼「冒牌貨」在中國的市場上大行其道？真的是物以稀為貴嗎？今天，有人打給你推銷電話了嗎？什麼是明星效應？你是商場的 VIP 會員嗎？「文化」也可以做行銷嗎？連鎖經營有什麼好處？……

# 1. 「買一送一」划算嗎？

### 新聞回顧

商戰花招不斷，綑綁銷售，百姓買單？您遭遇過怎樣不公平的「綑綁銷售」？買摩托車交強險，卻被告知必須購買商業險？新裝寬頻，卻被綑綁安裝室內電話？買套一房一廳的商品房，卻被要求再購買一套一居小戶型？驗車合格想順利上路，對不起，你還要交筆費用……

### 話裡話外

「我認為室內電話月租費不應該收！裝機出錢，打電話出錢，那我還要租他們什麼？要賺錢，難道基礎設施的費用還要百姓來承擔？不用水電，就不收費，可為什麼打不打電話都一樣收月租呢？……」對於綑綁銷售，消費者們常常有各式各樣的困惑，那麼什麼是綑綁銷售呢？從經濟學上講，它是一種共生行銷的形式，是指兩個或兩個以上的產品在促銷過程中進行合作，從而擴大自己的影響力。綑綁銷售的商品一般分為兩類：買 A 贈 A 和買 A 贈 B，也就是說，同類型的商品互相綑綁（例如牛奶買三送一）和不同類型的商品相綑綁，例如買梳子送牙刷等。有綑綁相同品牌的商品的，比如瓶裝洗髮精綑綁同品牌的

小袋裝潤髮乳，也有綑綁不同品牌的商品。

綑綁銷售的形式主要有以下幾種：

（1）優惠購買，消費者購買甲產品時，可以用比市場上優惠的價格購買到乙產品；

（2）統一價出售，產品甲和產品乙不單獨標價，按照綑綁後的統一價出售；

（3）同一包裝出售，產品甲和產品乙放在同一包裝裡出售。

綑綁銷售為什麼成為一種流行的行銷策略呢？因為它具有以下特別優勢：

（1）綑綁銷售可以降低銷售成本。透過學習交流獲得學習效應提高行銷效率降低銷售成本；透過共用銷售隊伍來降低銷售成本；透過與生產互補產品的企業合作廣告降低廣告費用。

（2）服務層次的提高。透過與其他企業共用銷售隊伍、分銷管道，使顧客能夠更方便購買，得到更好的服務，來提高產品的差異性，增強顧客的忠誠度。

（3）綑綁銷售可以達到品牌形象的相互提升。弱勢企業可以透過和強勢企業的聯合綑綁，提高企業產品和品牌在消費者心中的知名度、美譽度，從而提升企業形象和品牌形象。強勢企業也可以借助其他企業的核心優

勢互補，使自己的產品和服務更加完美，顧客滿意度
進一步增強，品牌形象也最佳化。

(4) 增強企業抗風險能力。透過企業間分工協作，優勢互
補，形成大的虛擬組織，提高企業抗衝擊的穩定性。
以虛擬的組織模式變「零散弱小的船隻」為強大的「航
空母艦」。

(5) 可以逼近帕雷托最優。義大利經濟學家帕雷托認為，
如果改變資源的配置已經不可能在不損害任何一個
人的前提下，使任何一個人的處境變得比以前更好，
這意味著社會資源的配置達到了最優狀態，即帕雷托
最優狀態。既然共用資源優勢互補的綑綁銷售可以使
聯合雙方變得比以前更好，那麼，社會資源的配置
得到了進一步的最佳化，又向帕雷托最優狀態逼近
了一步。

在生活中，綑綁銷售從一開始單一的同一類型商品相互綑
綁發展到現在五花八門，無所不「綑」，很多不相關的東西也被
綑在一起賣。比如洗衣粉綑著襪子、餅乾綑著杯子、家用電器
綑著寢具用品等等。但綑綁銷售也有弊端，如有的時候綑上的
東西根本用不上；某些綑綁後的商品實際是把兩種商品的價格
加在一起的，消費者並沒得到實惠；有些綑綁贈送的商品品質
問題也令人擔憂。由於綑綁的商品一般都是已經包裝好的，購

買時不能拆開來仔細查看其品質，有的消費者買回產品才發現綑綁的產品可能是即期品、NG 商品或是不如期待。

綑綁銷售常常以「套餐搭配」的形式來吸引消費者的消費欲望。由暢銷品搭配滯銷品，品質好的搭配品質差的，本來應該是合理的搭配卻變成了唯利是圖。很多房屋「裝修套餐」廣告聲稱「花二十萬元，就能實現房屋精裝」，這對部分消費者相當有誘惑力。但消費者只要一入圈套，煩惱就來了。多數「裝修套餐」的報價只是基本工藝的項目價格，如廚衛鑲磚、刷牆等，如果要做吊頂、石膏線等，都得另外加錢，像這類欺騙式的綑綁銷售要引起消費者的注意。當消費者面對各種綑綁消費時，首先要根據自己實際的消費需求情況，選擇自己需要和適合自己的商品以及服務，不要盲目聽信企業宣傳；其次是盡量選擇一些商業信譽高、服務品質好和具有合法資質的經營者和店家；再次就是消費者在購買時要問清楚商品和服務內容、價格，對於所綑綁商品，包括贈品、獎品等，也要看清楚產品的生產日期、保存期限等資訊，讓我們睜大眼睛，防止上當受騙。

### 知識連結

綑綁銷售是共生行銷的一種形式，是指兩個或兩個以上的品牌或公司在促銷過程中進行合作，從而擴大它們的影響力，它作為一種跨行業和跨品牌的新型行銷方式，開始被越來越多的企業重視和運用。

## 2. 季末狂甩，讓消費者如此鍾愛

### 話裡話外

炎炎夏日已過，夏天的商品若不及時清倉，就可能造成商品積壓，店家都急於賣掉積壓的貨品，以便累積資金購進下一個季度的新式服飾，那麼此時店家就會對存貨大幅度的降價或是推出一系列的換季優惠活動，而對於消費者，越便宜的東西購買的人就越多，購買力也就越大，所以換季的東西就很受人們的歡迎。這種換季拋售拋售在經濟學中也屬於促銷手段。

對於消費者來說，是以這種方式付出相對很少的貨幣獲得相對價值高的商品，消費者是獲利的。對於銷售者來說，是以這種方式銷售在上一季度商品中未銷售出的堆積商品，以最小的利潤出售換得經營中最小的損失。而這種商品積壓是由於經營中出現一些正常的或者是人為的估計誤差所造成的。同類的促銷手段還有反季拋售，斷碼拋售，清倉處理等。今年夏天已過，小李馬上開學升入大三，早在夏初，小李就看中了一款夏季服裝，當時的價格是兩千元，沒有折扣，身為學生一族的小李因為阮囊羞澀，不得不忍痛割愛。前幾天逛街時，發現該品牌的同款服裝，居然已經三折銷售了，小李非常驚喜，毫不猶豫是掏腰包買了這款夏季服裝。對於小李來說，這款服裝明年

穿起來既不算過時，又沒花那麼多錢，還是今年的當季服裝，不處積壓，所以，她暗自慶幸自己又理性消費了一次。民間有句諺語叫：「冬買空調夏買絨」，說的就是這種打時間差和價格差的反季節消費觀，這是買賣雙方都喜歡的一道「菜」比如：有的商場打出反季節促銷廣告：一件冬天賣兩千元的棉衣，春夏季四百元就出手，兩千元的棉靴一過冬天八百元就賣，如此低廉的價格確實吸引了不少消費者，但是有很多反季節商品是積壓多年的陳貨，所以，我們買反季節商品時也要擦亮眼睛，冷靜消費。其實，消費者喜歡購買反季節商品的原因，用經濟學術語解釋就是供給價格彈性小和需求價格彈性大。

### 知識連結

供給價格彈性是指供給量相對價格變化做出的反應程度，即某種商品價格上升或下降 1% 時，對該商品供給量增加或減少的百分比。供給量變化率對商品自身價格變化率反應程度的一種度量，等於供給變化率除以價格變化率。需求價格彈性是指需求量對價格變動的反應程度，是需求量變動百分比與價格變動百分比的比率。

## 3. 團購 —— 市場貿易中的一支生力軍

### 話裡話外

團購作為一種新興的電子商務模式，透過消費者自行組團、專業團購網站、店家組織團購等形式，提升客戶與店家的議價能力，並極大程度的獲得商品讓利，引起消費者及業內廠商、甚至是資本市場關注。據了解，目前網路團購的主力軍是年齡二十五歲到三十五歲的年輕群體，十分普遍。網友們一起消費！同時團購網的公司提供網路監督，確保參與廠商資質，監督產品品質和售後服務。

業內人士表示，網路團購改變了傳統消費的遊戲規則。團購最核心的優勢展現在商品價格更為優惠上。根據團購的人數和訂購產品的數量，消費者一般能得到從 5% 到 40% 不等的優惠幅度。第一種是自發行為的團購；第二種是職業團購行為，目前已經出現了不少不同類型的團購性質的公司、網站和個人；第三種就是銷售商自己組織的團購。而三種形式的共同點就是參與者。能夠在保證正品的情況下拿到比市場價格低的產品。怎樣才能使網路團購的商品最划算？參加團購前要先做好市場調查，並且要了解自己要買的商品的價格、品牌以及性能，只有心中有數了，才不會被網路上的所謂「團購優惠」弄糊塗。團

購的好處主要表現在兩方面：

一是參加團購能夠有效降低消費者的交易成本，在保證品質和服務的前提下，獲得合理的低價格。團購實質相當於批發，團購價格相當於產品在團購數量時的批發價格。透過網路團購，可以將被動的分散購買變成主動的大宗購買，所以購買同樣品質的產品，能夠享受更低的價格和更優質的服務。

二是能夠徹底轉變傳統消費行為中，因市場不透明和資訊不對稱，而導致的消費者弱勢地位。透過參加團購更多的了解產品的規格、性能、合理價格區間，並參考團購組織者和其他購買者對產品客觀公正的評價，在購買和服務過程中占據主動地位，真正買到品質好、服務好、價格合理、稱心如意的產品，達到省時、省心、省力、省錢的目的。

### 知識連結

團購就是團體購物，指的是認識的或者不認識的消費者聯合起來，來加大與店家的談判能力，以求得最優價格的一種購物方式。根據薄利多銷、量大價優的原理，店家可以給出低於零售價格的團購折扣和單獨購買得不到的優質服務。現在團購的主要方式是網路團購。

## 4. 電視購物讓你喜憂參半

### 話裡話外

　　電視購物行之有年，在資訊傳達充分、準確接觸目標受眾上有著先天的優勢。當年電視購物這種方式的產生，一定程度上可以說是懶惰創造的市場機會。人性的弱點包含惰性，消費者希望坐在家裡，哪都不去，看看電視就可以知道商品資訊，打個電話就可以買到商品。

　　電視購物是一種電視業、企業、消費者三贏的行銷傳播模式，沈小姐在電視上看到一個電視購物廣告，廣告稱有一款功能齊全、擁有一百二十款遊戲、雙卡雙待、並帶有語音撥號、可以長時間待機、設計華麗的智慧型手機，並承諾貨到付款，電視上廣告宣傳十分誘人，於是沈小姐撥打了該電視購物廣告上的免費訂購熱線，訂購了這款手機。在收到手機使用幾天後，沈小姐發現該款手機與電視廣告所說的那款相差甚遠，該手機不僅不具備廣告中擁有的「強大」功能，而且手機自帶的遊戲，大部分需要收費；手機的觸控式螢幕反應也不靈敏。因此，沈小姐與店家取得聯繫，要求店家更換，但店家多次推託、搪塞沈小姐，沈小姐只好求助消保官。消保官在接到投訴後，十分重視，立即與手機店家取得聯繫，幾經交涉，透過調解，店

家表示願意更換一臺與廣告宣傳相符的新手機，並刪除廠商自帶的一些需收費遊戲軟體。事實上，國外的電視購物產業能獲得較高美譽度，「誠信」是毋庸置疑的關鍵因素。產品售前的質檢和售後服務都直接展現了電視購物公司的誠信態度。

　　每個行業的競爭都是必然的，一個行業的發展，僅僅靠一兩個企業是不夠的，只有更多的企業參與，才能在公平競爭的基礎上，讓行業發展更加完善，因此，對於任何競爭，都要把它當作是拓展行業的一次機遇，才能擁有了自己獨一無二的經營特色。業內人士認為，電視購物行業的誠信重塑任重道遠；政府、電視購物企業、消費者三方應共同努力，各自承擔肩負著的社會責任，全面推動電視購物行業長期穩定的發展。而在未來的日子裡，面對媒體市場和消費市場的不斷變革，希望透過各種措施，獲取更廣泛的通路，在拓展自身企業的同時，給消費者帶來更加實際的便利。

## 知識連結

　　電視購物是從美國開始崛起，而早期在美國約有十二個購物頻道，一直到一九八〇年代末期，才成功的商業化。一九八二年 HSN(Home Shopping Network) 全世界第一家電視購物公司在美國佛羅里達州誕生，隨即席捲全美。

# 5. 為什麼「冒牌貨」在中國的市場上大行其道

### 新聞回顧

　　英國《每日電訊報》二〇〇八年一月二十八日文章：《上海的冒牌貨市場》（作者：萊姆‧瑞格比）「中國的盜版貨很讓人頭痛，尤其是對於外國公司來說。因此，儘管已經進入世界市場，中國仍未受到廣泛的尊重。」上海中國橋設計機構的凱莉‧黃說。實際上，中國是世界上最大的冒牌貨來源地。唯一變化的是，冒牌貨的製造商從曾經的小公司變成了今天在規模、管理、收入等方面都相當國際化的店家。二〇〇六年，歐盟海關查獲了兩億五千萬件冒牌貨，其中80%來自中國。據國際反冒牌貨組織的報告，冒牌貨每年使英國公司損失在四十億至六十六億英鎊之間，服裝與鞋業損失去11.5%五的年收入。

### 話裡話外

　　曾幾何時，冒牌貨只意味著T恤衫和盜版DVD，可如今，「盜版工程師」們已經將攻堅領域拓展到了MP3和智慧型手機等高技術產品。一些諸如洗衣粉和袋裝茶之類的消費品也在被成

批量的仿冒。「山寨」這個詞到現在仍大行其道，由此衍生出來的山寨文化如此氾濫，但是事實上，「山寨現象」很久之前就在中國出現了。

　　比如：一九八〇年代日本任天堂公司開發出了第一代遊戲主機 FC（Family Computer，俗稱紅白機），一九九〇年代 FC 登陸中國時，對於當時的家庭而言非常昂貴。而且對於處在考大學壓力下的七年級一代來說，他們的家長很難願意把錢投資在遊戲機上。沒過幾年，中國一家公司推出了一款叫做「小霸王學習機」的產品，其實就是把 PC 的晶片和功能集成到一個電腦鍵盤中，並開發了一些用於學習和打字的配套卡帶，價格也要比 FC 便宜。不同於對待 FC 的態度，大多數學生家長都給孩子購買了小霸王學習機；因為當把這個鍵盤連接在電視上時，他們相信他們的孩子不是在玩遊戲主機，而是在學習使用一臺家庭電腦。同時，市面上出現了很多中國產的遊戲卡帶，它們跟日本原產的卡帶很不同，裡面的晶片很小，同樣的遊戲內容被簡化和篡改後，可以變成多個遊戲銷售。這樣看來，如果把當年的學習機叫山寨 PC 也是很恰當的。

　　還有，Walkman 流行時，就有很多山寨 Walkman 品牌。VCD 技術取代了錄影帶後，在中國家庭中就流行了各種山寨 VCD 播放機，這些機器的外觀和品牌名稱都跟 Sony 和 Panasonic 極其相似，比如 Song、Ponosanic 等，而且大都

具有超強除錯、卡拉 OK 等日本品牌不具備的附加功能，有的甚至還集成了 FC 遊戲的功能，且一律價格低廉。它們大多是從東南沿海的千萬家小工廠中生產出來的。

現在，從山寨手機開始，一股「山寨」風潮席捲，說白了仍是巨大的利益誘惑在驅使。那些外國進口高科技「名牌」產品無論式樣和功能都讓人眼饞，但價格太高，消費者只能望而生畏。怎麼辦？好辦，自己琢磨，製個山寨的出來！

我曾造訪某家仿冒店，故意對某些商品表現很感興趣的樣子，結果賣家就眉開眼笑地帶我進入一道隱蔽的門。進去後，會看到完全不同的另一家店。令人吃驚的是，那門關上後會自動上鎖。屋子裡有很多的手提包和拉杆箱，包括 LV。如果你稍有興趣，賣家會帶你進入第二間屋子，裡面滿是 FENDI（義大利奢侈品牌）和手錶。打開箱子後，你會見到仿冒的卡地亞、百達翡麗手錶。我很吃驚，這些冒牌貨不但有名牌的經典樣式，而且各個品系一應俱全。有了「品牌」不等於商品賣得好，創了「名牌」才能占領市場。可是，創造名牌需要比較長的週期，耗費大量人力、物力，不是任何一個企業都能負擔得起的。為此，有些企業想出了「貼牌」的辦法。任何一個在使用名牌的消費者都要做好充分的心理準備 —— 你穿在身上引以為豪的「名牌」時裝，正在人前炫耀的「名牌」手機、電腦、單眼相機等，很可能並不是你想像的那樣，從知名企業的生產流水線上出來

透過商場賣給你，很可能是掛著名牌的「貼牌」貨。OEM 貼牌這種經營模式在國際上已運作多年，國際上知名的大品牌，像諾基亞、摩托羅拉、西門子、三星等都採用了這種做法，這些企業自行提供設計方案，然後再委託專業手機代工廠進行生產，最後由自己銷售，並負責售後服務。相對 OEM 而言，ODM 在「洋」品牌中更加盛行，西門子、摩托羅拉、NEC 等廠商在這方面都有嘗試。即企業向手機代工廠購買現成的設計方案並委託其或是自行生產，然後打上自己的品牌進行銷售。這些「洋」品牌在生產過程中大多會進行嚴格的流程管理，所以其產品品質還是有保證的。至於一些二三線生產廠商由於產能不足，也會採取先購買設計方案，再委託專業代工廠生產的做法，但是由於其自身的流程管理水準和技術理解能力，產品品質方面的保障有限。

對於鋪天蓋地的「山寨」現象，社會上對其指責最多的就是「侵權」。仿款的手機，仿款的服裝，仿造的書籍、飲料、食品、日用品把「名牌」稍稍改動一下就變成自己的牌子，甚至隱含著欺詐行為。有的山寨商標幾乎就是赤裸裸盜用別人的名牌商標，如「周佳牌」洗衣粉，把周字和佳字寫得很近，然後用與「雕牌」相同的字體和顏色，如果消費者沒有「火眼金睛」，很難辨別真偽。

這就應了馬克思《資本論》裡最精闢的闡述：「有為了 50%

的利潤，資本就鋌而走險；有為了 100% 的利潤，資本就敢踐踏一切人間法律；有 300% 的利潤，資本就敢犯任何罪行，甚至冒斬首的危險。」

山寨為什麼大行其道？原因很簡單：利益。店家盜用商標和技術，用低廉的成本生產出產品，做到薄利多銷；消費者用便宜的價格買到性能好、性價比高的「假名牌」。雙方都是受益者，何樂而不為？

甚至還有人稱讚山寨商品是時尚、流行、DIY 的代名詞。以山寨手機為代表，它功能強大，還敢於創新，市面上流行的娃娃手機、HELLO-KITTY 卡通手機都是山寨廠商創造出來的，據網友反映性能很好。跟大品牌的廠商比較起來，「山寨」敢想敢做，非常特立獨行，正是年輕人追求個性張揚的表率。

沒有做不到，只有想不到，在「老字號」、「大品牌」的面前，山寨們顯得異常從容和活躍。他們的目的很簡單，逐利。他們逐利的方式很簡單，拿來主義。大品牌們如何招架山寨的挑戰，消費者要站在哪一邊，還需要市場和時間的檢驗。

## 知識連結

指一家廠商根據另一家廠商的要求，為其生產產品和產品配件，亦稱為定牌生產或授權貼牌生產。即可代表外委加工，也可代表轉包合約加工。俗稱代加工。近年來，這種生產方式在家電行業比較流行。具體說來，它包括 OEM、ODM 和

OBM。OEM(Original Equipment Manufacture)，即原始設備製造商，A 方看中 B 方的產品，讓 B 方生產，用 A 方商標，對 A 方來說，這叫 OEM；ODM(Original Design Manufacture) 即原始設計製造商，A 方自帶技術和設計，讓 B 方加工，這叫 ODM；OBM(Origival Brand Manufacture)，即原始品牌製造商，只負責生產加工別人的產品，然後貼上別人的商標，這叫 OBM。

## 6. 真的是物以稀為貴嗎？

### 新聞回顧

為慶祝 Chloé 的 c 字新 logo 誕生，Chloé 特別在 2010 秋冬新款到店之際，推出限量版晴雨傘。金色書法式花押字——Chloé 的新 logo，延續著 Chloé 向來奢侈而時尚的風格，以首碼 c 作為品牌象徵；並以充滿華美復古感的金色調帶來 Chloé 一直嚮往的經典時代風格，用草寫字體引出浪漫不羈的濃厚法式女人味，為品牌展開全新風貌。限量版晴雨傘雙面設計獨具匠心，精緻而高雅，貫穿 Chloé 簡潔時尚的理念。開傘後，「c」logo 圍成的簇簇花朵便展現眼前：大小不一的「c」logo 交錯間形成花朵圖樣，花朵不規則的散落於傘內，彷彿將撐傘者置身於花叢中，讓雨天也帶來好心情，在炎炎夏日裡更帶來優雅清新的氣息。

### 話裡話外

如今，我們消費者到市場買東西，店家常打出「限量牌」，銷售人員最愛亮出「物以稀為貴」這塊招牌，老說什麼「存貨不多，趕快買進吧！」、「趕緊！限時特供！」之類的話。聰明的廣告商都明白，強調對損失的恐懼比強調收益更能見效。加利福

尼亞大學的專家們發現：如果一個節省能源的產品計畫傳達的資訊是「每天少損失五毛錢」，而不是「每天節省五毛錢」，那麼一家之主們 300% 的願意接受它。你要給公司管理層報一個十萬歐元的成本節省計畫嗎？如果你表達的含義是避免「十萬歐元的損失」，你的計畫肯定更容易通過。當然，在銷售中，有的店家的商品確實是「限量版」，但有的店家是運用了行銷中的一種手段，就是市場貿易中的飢餓行銷，飢餓行銷運行的始末始終貫穿著「品牌」這個因素。首先其運作必須依靠產品強勢的品牌號召力，也正由於有「品牌」這個因素，飢餓行銷會是一把雙刃劍。劍用好了，可以使得原來就強勢的品牌產生更大的附加值；用不好將會對其品牌造成傷害，從而降低其附加值。飢餓行銷不能簡單的理解為「定低價－限供量－加價賣」，正如上述所說的，強勢的品牌、討好的產品、出色的行銷才是關鍵，才是基礎。不了解對手，不認清自己，簡單的去操作，會非常危險。不管是不是飢餓行銷，它都是利用消費者的心理，從經濟角度看，稀缺創造價值，讓產品或服務產生巨大價值。從情感角度看，稀缺產品帶來心理上的滿足。人為製造產品或服務的稀缺，可讓產品或服務具有不可複製的獨特價值，讓產品或服務最大限度的遮罩競爭對手，讓消費者在瘋狂中滿足，在滿足中忠誠，在忠誠中傳播品牌。

### 知識連結

一些大牌化妝品每年都會推出諸如限量版口紅、限量版彩妝盒一類的產品，高級皮具也會有「限量版」的包包，甚至唱片公司也常常有各式各樣的「限量版」。而在汽車界，「限量版」更是花樣百出。顧名思義，限量版首先是與常規版本在設計上有所不同，其次是限量銷售。英文裡有一句諺語叫「Less is More」，意思是「少就是多」。這些發行量少而有限的產品，往往引來更多的關注。比較珍貴，限量發售，所以價格也比較昂貴！

# 7. 今天，有人打推銷電話給你嗎

## 話裡話外

資料顯示，電話行銷在發達國家的經濟中已發揮重要作用。從保險市場來看，保險電子商務，其中電話行銷大約占比偏高。電話行銷的最大優點就是展現「一通電話，保險到家」，使客戶足不出戶就可以享受到保險銷售服務。電話行銷的定義為：透過使用電話，來實現有計畫、有組織、並且高效率的推擴大顧客群、提高顧客滿意度、維護顧客等市場行為的手法。成功的電話行銷應該使電話雙方都能體會到電話行銷的價值。

與電話行銷相關的詞彙很多，直接銷售 (Direct Marketing)、資料庫行銷 (Database Marketing)、一對一行銷 (One to one Marketing)、呼叫中心 (Call Center)、客戶服務中心 (Custom Service Center) 等等都是其涵蓋的內容。這些技術側重的方面各有不同，但目的都是一樣的，即充分利用當今先進的通訊電腦技術，為企業創造商機，增加收益。

這裡想側重解釋一下資料庫行銷 (Data Marketing) 的概念。每天塞到電子信箱中的垃圾信廣告非常多，有出售房屋的，日用品的，生命保險的等等，它們被稱為 EDM(Electronic DirectMail)。EDM 的反應非常低，一般在 1% 左右，絕大部

分 EDM 都直接進了垃圾信箱或是被過濾。但是如果根據調查到的資料只將 EDM 發給那些有需求，可能成為客戶的人，反應率會大大提高，一般可提高十倍至二十倍以上。資料庫行銷就是基於資料，尋找具備需求的客戶集，以此展開商務活動。資料庫的來源有兩種：企業自己累積或從外部購買。現在一般都市家庭中已經應有盡有，商場中的商品更是琳瑯滿目。越來越多的消費者開始重視商品的附加價值，而並不僅僅關注商品的基本功能。比如該商品能否做到「服務好」、「安心、安全」、「節約時間」、「節約費用」等等，消費者要選擇那些對自己有意義、有價值的商品。

另外隨著資訊化的發展，在電視、電話、傳真、網路普及的同時，消費者們也漸漸學會了如何從大量資訊中巧妙的取得自己所需要的資訊。

從經濟學上說，人們容易受他人製造的資訊的影響而做出決定。對消費者來說，從推銷者那裡得到的資訊在不同程度上都可能是虛假資訊。

比如：有一個人從自己生活的都市搭乘火車去另外一個完全陌生的都市遊玩，夜裡很晚才到達，而且也沒有預訂旅館，現在還得找一個住的地方。碰巧在火車上的時候身邊坐著一個女性，這名男子就問旁邊的這個女性甲旅館怎麼樣。這個女人笑容可掬的建議說：「要說甲旅館，還不如去乙旅館，不僅很

近，服務還很周到。」在這種情況下，問話的人一般都會相信這個人所說的。於是下了火車之後，這名男子就在附近四處找這家乙旅館。這時如果旁邊就有一個熱情親切的女性主動走過來，同樣微笑著對男子說同樣的話：「還是不要去乙旅館，來我們旅館吧，我們旅館很近，服務也很周到，包您滿意。」這時，或許這名男子就不會輕易相信這個女性所說的話了。

兩種不同的場合，同樣的資訊，其反應卻是完全不同，原因是什麼呢？如果只是說前者可信，後者不可信，就顯得過於簡單。對於初次見面、毫不相識的人，我們會做出怎麼樣的判斷？判斷的依據和標準又是什麼？

這一問題的關鍵點在於，提供資訊的人是否同自己存在利害關係。利害關係一致和沒有利害關係的人所提供的資訊是可信的。相反，對於利害關係相左的人提供的資訊，就不能完全的聽之任之。因為這些資訊很可能就是對方編造的，目的是從你身上得到利益。再比如：開車去外地而又不認識路，司機完全可以信任坐在副駕駛座的人從地圖上所得到的資訊。因為這兩個人都是希望盡快到達目的地，有著共同的利害關係，同行的人沒有提供假資訊的動機。

火車上偶然碰見的那個女性沒有必要提供假資訊，因為即使提供假資訊給對方，她也得不到任何好處。相反，如果自己給對方提供了自認為準確的資訊，並幫到對方的話，對方就會

打心底裡感激你，自己也就享受到了被人感激時的滿足感。所以，我們可以說，這名女性，應該是提供正確資訊的。

但是，如果是一個女性故意過來裝熟，向男子提供資訊，那就很難說她不帶有任何意圖。因此，在這種情況下，即使是對方再熱情的給你提供資訊和幫助，你也不能輕易相信，因為他所提供的資訊便是人為製造資訊，是要透過這些虛假資訊從你身上套取經濟利益的。

推銷是一種手段，無所謂好壞。可是店家為了追求其結果而採取了欺騙、隱瞞等不良行為，這就讓我們在看「推銷」、「推銷員」這兩個名詞時戴上有色眼鏡。現如今是一個充滿競爭的年代，無數的企業要生存，要想在眾多的企業裡脫穎而出，除了要有一個好的經營者決策以外，推銷企劃也是一個重要因素。店家必須在利益和良心之間找到平衡點，而消費者也需要撥開重重迷霧，看清推銷的真相。

### 知識連結

電話行銷 (Telemarketing) 是一個較新的概念，烽火專家認為出現於一九八〇年代的美國。隨著電話行銷消費者為主導的市場的形成，以及電話、傳真等通信手段的普及，很多企業開始嘗試這種新型的市場手法。電話行銷絕不等於隨機的打出大量電話，靠碰運氣去推銷出幾樣產品。

## 8. 品牌，延伸家家戶戶

### 話裡話外

　　品牌行銷是指企業透過利用消費者的品牌需求，創造品牌價值，最終形成品牌效益的行銷策略和過程。是透過市場行銷運用各種行銷策略使目標客戶形成對企業品牌和產品、服務的認知過程。品牌行銷從高層次上就是把企業的形象、知名度、良好的信譽等展示給消費者或者顧客，從而在顧客和消費者的心目中形成對企業的產品或者服務品牌形象，這就是品牌行銷。品牌行銷說的簡單些就是把企業的品牌深刻的映入消費者的心中。品牌行銷的前提是產品要有品質上的保證，這樣才能得到消費者的認可。品牌建立在有形產品和無形服務的基礎上。有形是指產品的新穎包裝、獨特設計，以及富有象徵吸引力的名稱等。而服務是在銷售過程當中或售後服務中給顧客滿意的感覺，讓他／她體驗到做真正「上帝」的幸福感。讓他們始終覺得選擇買這種產品的決策是對的。買得開心，用得放心。

　　縱觀行情，以現在的技術手段推廣來看，目前市場上的產品品質其實已差不多，從消費者的立場看，他們看重的往往是店家所能提供的服務多寡和效果如何。從長期競爭來看，建立品牌行銷是企業長期發展的必要途徑。對企業而言，既要滿

足自己的利益，也要顧及顧客的滿意度，注重雙贏，贏得終身顧客。品牌不僅是企業、產品、服務的標識，更是一種反映企業綜合實力和經營水準的無形資產，在商戰中具有舉足輕重的地位和作用。對於一個企業而言，唯有運用品牌，操作品牌，才能贏得市場。因此，積極開展品牌行銷，對於企業是當務之急。企業做產品，產品有產品的價值；做品牌，品牌也有品牌的價值。產品可以販賣，品牌也能販賣，消費者買一個產品，獲得的是產品的利益，而如果消費者買的是有品牌價值的東西，就會獲得品牌價值的利益。品牌如果不能給消費者帶來利益，這品牌就不能販賣，不能販賣的東西我們還塑造它嗎？多做產品賣產品利益就行了。

所以既然要塑造品牌，品牌就得有單獨的價值，它的單獨價值滿足和產品滿足是不一樣的，產品滿足的是消費者利益的需要性或需求性；而品牌滿足雖然也有需求性，但更多的是欲望性，就像大家都喜歡買 NIKE、愛迪達等運動品牌一樣，這裡面有信任度，也有欲望性。

### 知識連結

品牌行銷 (Brandmarketing)，是透過市場行銷使客戶形成對企業品牌和產品的認知過程，是企業要想不斷獲得和保持競爭優勢，必須構建高品味的行銷理念。最高級的行銷不是建立龐大的行銷網路，而是利用品牌符號，把無形的行銷網路鋪建

到社會大眾心裡，把產品輸送到消費者心裡。使消費者選擇消費時認這個產品，投資商選擇合作時認同這個企業。這就是品牌行銷。

## 9. 什麼是明星效應

### 新聞回顧

　　行業的不斷進步，衛浴產品的品牌推廣很重要，據悉，在螢幕上有硬漢形象、螢幕外親切溫和文雅的于榮光，與冷峻的產品外表下深藏著的一種生活的溫柔情懷這種產品文化特性吻合。以「明星」＋「明星產品」的推廣策略渲染市場環境，透過大眾媒體、專業媒體進行整合傳播，擴大產品的知名度。衛浴行業請明星代言，先有「和成＋林志玲」、「TOTO ＋陳慧琳」等模式。衛浴品牌請明星代言顯然已成了平常事，不可避免有業內人士對此並不看好。但事實是，與瓷磚企業比較，明星代言似乎是衛浴企業進行品牌塑造及推廣的重要選擇。瓷磚是火與土的藝術，衛浴則是水與人的交融。

### 話裡話外

　　成龍用佳能相機，徐靜蕾用〇〇毛巾，王力宏代言〇〇礦泉水，……名人們紛紛給各種商品做廣告、當代言人，很多消費者就是在他們的「號召下」對某種牌子的商品產生特殊的好感。

　　現在越來越多的企業熱衷於明星代言，在這個體驗經濟的

年代，感情推動商機、促使購買。企業想要成功，就必須與顧客建立一種感情上的聯繫 —— 這一點正是許多企業選擇不同性格特徵的明星代言品牌的原因。

非主流形象代言還沒有到達巔峰，已存在著極大的泡沫成分和非理性行為；隨著消費者的成熟、行業的規範，企業也會走向理性，明星代言潮自然會回落，啟用普通模特將成為主流；同時，感性形象代言人將異軍突起並逐漸走向成熟。企業啟用形象代言人，可能有各種目的，尤其當明星效應和炒作之風盛行的年代。

在日常生活中，我們常常會感覺到：當同事或者朋友買了某種商品時，我們也會跟著購買這種商品。打個比方，比如你之前的月薪只有兩萬多元，平常買衣服的價位大約在五百元。有一天你的月薪拿到了三萬元，這時你和新同事一起去買衣服，看她買千元以上的衣服時，你就覺得不好意思再買五百元的了，你會跟著買上千元的衣服，儘管很心疼。這就是示範效應的展現，它在我們的身邊屢見不鮮。

「示範效應」最早是一個心理學的概念，指的是人們的一種模仿、跟隨的心理和行為。現在已經被經濟學家廣泛運用於研究人的消費行為。其實，模仿是人的一種天性，古已有之。「楚王好細腰」的故事大多數人都不陌生，說的是楚靈王喜歡苗條腰細的宮女，於是，眾宮女為了得到楚王的寵愛，紛紛互相效仿

而節食，結果個個餓得面黃肌瘦，弱不禁風，甚至還有被餓死的。這個故事從經濟學的角度來看，就是展現了示範效應的強大威力。

這樣的現象還有許多，例如：公司組織捐款時，我們通常不是根據自己收入的高低來捐款，而是會先看看周圍的人捐了多少。然後我們會和跟自己職位差不多的人捐一樣多，即使自己可以多捐一點，也不會多捐，因為擔心有出風頭的嫌疑。即使自己手頭比較緊，也會向他人看齊，甚至打腫臉充胖子，因為不想被人議論說「小氣」。這種現象，其實也是示範效應在起作用。

經濟學家認為，消費中的「示範效應」，基本上和「羊群心理」有關。什麼是「羊群心理」呢？通俗的說，就是所謂的「跟風」。經濟學家認為：模仿和合群是人的一種天性，當我們到了八九歲時，便會有一幫熟悉的朋友，一起吃東西和玩樂。這段時間我們的消費就開始受同伴的影響了。隨著社會認知感的增強，這種心理也會逐漸強化，甚至是植根於你的潛意識之中，你自己沒有意識到，就已經受它的影響了。

示範效應具有兩面性，它有好的一面，也有壞的一面。我們如果留心，就會發現，每一個時代都有那個時代的風尚。例如：楚王好細腰，唐朝以胖為美；一九八〇年代時流行大腳褲，一九九〇年代後不少地方流行職業裝，如今又流行休閒甚至流

行中性風等。這其實也是示範效應在起作用,從根本上講,「示範效應」是時尚的背後推動力。一個青年人不會和他的爺爺穿一樣的衣服,但是會和他的同學穿一樣的衣服,背一樣的包,理一樣的頭髮。跟隨的人多了,小眾就會變成主流,就形成了某一種風尚。

示範效應有好的一面,譬如買一件東西,我們喜歡向他人看齊,喜歡向用過的人打聽,有時候示範效應能夠幫助我們買到更物有所值的東西,因為人人都說好的東西,多數時候是有可取之處的。而且,有句話說,會花錢的人才會賺錢。當你的消費提高了時,在工作上也會更有動力。從廣義的角度上講,示範效應可以促進消費,促進人們的購買欲望,進而促進人們的生產欲望,以此推動社會進步。

但示範效應的消極作用也是顯而易見的,示範效應走向反面,就成了比較。有時候,人們因為「跟風」,去購買自己承受力之外的東西,結果讓自己超支;有時候,人們因為追隨,買了自己並不想買的東西,做了自己不想做的事,心裡悶悶不樂;還有的時候,我們沒有考慮清楚這個東西是否適合自己,就跟著買了,結果花了冤枉錢。倘若示範效應變成比較,還會造成社會資源的巨大浪費。

講到這,就來講講題目中所提到的「名人代言」了。為什麼我們買東西會看名人代言,為什麼明星代言一個廣告,就能

得到普通人一輩子都賺不來的收入？祕密就在這裡。名牌、廣告、代言，其背後都有示範效應在起作用。

　　經濟學告訴我們，「人有我有」的消費心態是不正確的。一件東西，適合別人，卻不一定適合你。你的偶像貝克漢代言了愛迪達運動裝，可是愛迪達的款式和風格可能並不適合你的氣質，倘若你花「大手筆」把它買下來，和自己卻不搭，完全達不到裝扮的目的。結果不僅白白花費了金錢，也影響自己的外在形象。

　　所以你要記住，名人代言，對於他們來說是工作、是賺錢的機會，他們是替店家舉牌，產品究竟好不好，他們不一定知道。而你要為自己的錢包負責，不要盲目的被明星召集到某個牌子底下，當了花冤枉錢的冤大頭。

### 知識連結

　　明星效應即是指所有企業的每一種產品都應該追求市場的最大效用 —— 需求數量的最大化，以此為目的，樹立起自己的品牌形象，以使人人盡知，以獲人人喜愛，就像培養一個大明星一樣培養自己產品的形象，就像明星們應該首先提高自身的素養一樣提高自己產品的品質。

## 10. 你是商場的 VIP 會員嗎

### 話裡話外

商業競爭的白熱化，發展會員、挖掘會員消費潛力成為店家競爭的焦點。「會員日」、「VIP 專場」等針對會員獨享的銷售模式，逐漸成為各店家積極開展的新的行銷模式。VIP 會員卡是店家的一種促銷手段，透過這種辦卡積分的方法，促進消費者終身消費等。

在各大商場超市，市民結帳時，幾乎人人手中都持有一張會員卡。據悉，辦理會員卡的主要條件就是當日在商場進行幾百元到上千元不等的消費，會員卡使用時沒有身分認定，即使消費者忘記帶會員卡也可以暫借其他顧客的會員卡，享受商品促銷的會員價。基本上是你消費得越多或者說消費潛力越大，你就越有可能成為各個店家的 VIP。在航空公司任職的白小姐告訴記者。VIP(Very Important Person) 不知不覺已成為普級，採用俱樂部會員制行銷方式較早的是航空業、電信業以及一些在華外資企業。會員制個性化的服務很好的維持了頂層那20% 的忠誠度，有門檻的入會制度似乎又更多的避免了底層那30% 非盈利顧客，看起來有點完美無缺。「關起門來做生意」是這種銷售模式最大的特點。市某大型購物中心相關負責人表

示，每年該中心都會舉行會員的回饋活動，甚至是閉店形式的會員專場。店家會拿出實實在在的讓利，促銷更直接，商品的折扣也很低。如今他們的會員日活動已經做出口碑，因為促銷力度大，很多會員都會將積存的消費潛力在會員日當天報復性消費，這一點從會員日的銷售業績就可見一斑。會員日成了店家名副其實的「吸金日」。

會員制的精髓在於透過客戶忠誠計畫將服務、利益、溝通、情感等因素進行整合，為會員客戶提供獨一無二的具有較高認知價值的利益組合，從而與客戶建立起基於感情和信任的長久關係，而目前很多企業的會員制有 90% 是建立在折扣、折價和特價優惠的基礎之上，嚴格來說只是變相降價，一種簡單的促銷手段而已，無法與客戶形成長久的關係。

### 知識連結

VIP（全稱：Very Important Person），直譯為「重要人物」、「要員」、「非常重要的人」，其他稱呼還有「貴賓」,「貴客」、「重要人士」、「高級客戶」、「高級會員」等，是一個組織、派對、社團、國家等對訪客的一種分類。

## 11.「文化」也可以做行銷嗎

### 話裡話外

文化行銷系一組合概念，簡單的說，就是利用文化力進行行銷，是指企業行銷人員及相關人員在企業核心價值觀念的影響下，所形成的行銷理念，以及所塑造出的行銷形象，兩者在具體的市場運作過程中所形成的一種行銷模式。企業賣的是什麼？麥當勞賣的僅是麵包加火腿嗎，答案是否定的，它賣的是快捷時尚個性化的飲食文化（QSCV 形象）。相機公司賣的僅是照相機嗎？不是，它賣的是讓人們留住永恆的紀念。中秋節吃月餅吃的是什麼，我們難道只吃的是它的味道嗎？不是，我們吃的是傳統文化 —— 團圓喜慶。端午節吃的是粽子嗎？不是，端午節我們是在吃屈原及歷史文化。過生日吃的是蛋糕嗎？也不是，吃的是人生的希望與價值。

總之，透過以上例子我們看到在產品的深處包含著一種隱性的東西 —— 文化。企業向消費者推銷的不僅僅是單一的產品，產品在滿足消費者物質需求的同時還滿足消費者精神上的需求，給消費者以文化上的享受，滿足他們高品位的消費。這就要求企業轉變行銷方式進行文化行銷。

物質資源會枯竭的，唯有文化才能生生不息。文化是土

壤，產品是種子，行銷好比是在土壤裡播種、耕耘，培育出品牌這棵幼苗。可口可樂只是一種特製飲料，和其他汽水飲料也沒有太大的差別，但它之所以能夠成為全球知名品牌，並有一百多年歷史，是因為它與美國的文化有緊密的聯繫，可口可樂的每一次行銷活動無不展現著美國文化，是其品牌成為美國文化的象徵，因此，喝起它常常會有一種享受美國文化的感覺。

　　文化行銷是指把商品作為文化的載體，透過市場交換進入消費者的意識，它基本上反映了消費者對物質和精神追求的各種文化要素。文化行銷既包括淺層次的構思、設計、造型、裝潢、包裝、商標、廣告、款式，又包含對行銷活動的價值評判、審美評價和道德評價。基於目前企業的實際狀況，我們在經營管理上擁有成功心得的同時，也存在大量的不解和困惑，因此我們行銷人員若能在賣「個人形象」和「專業知識」的基礎上，能夠與業主在經營管理上進行暢快的溝通，針對業主企業經營管理的現狀和未來提出自己的看法和見解，就必然會增加業主的「好感」，提高業主心中潛在的「購買附加值」，增加銷售最終達成的可能性。

　　另外，即使在銷售達成後，如果企業行銷人員能夠有意識的進行客戶關係管理，抓住機會或尋找機會向業主賣一賣自己的「文化底蘊」，這樣不僅可以增進與業主的關係，而且能夠進一步提高業主的「購買附加值」，為企業良好口碑的樹立和未來

的銷售達成都奠定了堅實的情感基礎。但是如何提升行銷人員的文化底蘊，我認為這不是一朝一夕的事，需要長時間的累積和沉澱，具體說來，行銷人員可以根據自身實際情況，結合行銷實戰經驗，制定一個讀書計畫或學習計畫，以不斷提升自己的「文化底蘊」。

### 知識連結

文化行銷強調企業的理念、宗旨、目標、價值觀、職員行為規範、經營管理制度、企業環境、組織力量、品牌個性等文化元素，其核心是理解人、尊重人、以人為本，調動人的積極性與創造性，關注人的社會性。在文化行銷觀念下，企業的行銷活動一般為奉行一些原則：給予產品、企業、品牌以豐富的個性化的文化內涵。

## 12. 連鎖經營有什麼好處

### 話裡話外

　　所謂連鎖店，是指眾多小規模的、分散的、經營同類商品和服務的同一品牌的零售店，在總部的組織領導下，採取共同的經營方針、一致的行銷行動，實行集中採購和分散銷售的有機結合，透過規範化經營實現規模經濟效益的聯合。也就是說，A 店有一個總部，它的總店就像細胞核的核分裂一樣，把自己分裂成無數個小店來經營。而它們之間又有一條無形的「鎖鏈」連接著，那就是總部的各種方針和規定。「連鎖店」是個非常形象化的詞。

　　連鎖店已經成為一些大店家的企業標誌，連鎖店具有經營理念、企業識別系統及經營商標、商品和服務、經營管理四個方面的一致性，在此前提下形成專業管理及集中規劃的經營組織網路，利用協同效應的原理，使企業資金周轉加快、議價能力加強、物流綜合配套，從而取得規模效益，形成較強的市場競爭能力，促進企業的快速發展。未來零售業不論走向何方，都將邁向連鎖經營。在全球中，麥當勞、漢堡王、必勝客、吉野家等是全球知名的連鎖速食店。另外 7-11 是全球最大的連鎖便利商店。此外，家樂福、玩具反斗城等亦是全球較知名的連

鎖銷售店。

在香港，一些較知名的連鎖式超級市場有百佳及惠康，屈臣氏是香港知名的連鎖式保健及美容專門店。另外連鎖式百貨公司包括瑪莎百貨、吉之島等。OK 便利店是香港知名的便利店。另外大家樂、大快活、美心速食則為較為知名的本地連鎖速食店。優の良品、零食物語等店鋪是在香港知名的零食連鎖專賣店。此外，在香港亦都有一些集團以連鎖式酒樓經營。

臺灣連鎖事業極為發達，從食、衣、住、行、育、樂，樣樣都有連鎖店，由於市場多元性夠，因此，除了本土業者發展連鎖事業外，也有不少國外業者進入市場從事連鎖經營，連鎖的方式也是相當多樣性的，有直營連鎖、委託加盟、特許加盟等不一而足，就以便利商店而言，從二〇二〇年底統計在臺灣就一萬兩千家以上，其中，由統一超商所經營的 7-11 在市場上占有率達一半以上，其他依序是全家、萊爾富、OK 等，其他的連鎖業者中，較為知名的業者有全聯、寶雅、誠品書店、康是美藥妝店、遠東百貨、大潤發量販店、NET 服飾、生活工廠雜貨等在外商業者有：屈臣氏、必勝客等；從法國來臺家樂福量販店、法雅客書店；從美國引進的星巴克、麥當勞、肯德基、7-11；從日本引進的 Family Mart、吉野家、三越百貨（新光三越百貨）、崇光百貨等，在臺北世界貿易中心都會有連鎖店加盟大展，海內外許多知名業者都會群聚相互交流，並希望借此

機會吸引更多人加盟連鎖事業。

　　連鎖店可分為直營連鎖和特許加盟連鎖。直營店是指由總公司直接經營的連鎖店，它的經營完全在總公司的掌握之中，完全由總公司出資，總公司派人經營。直營連鎖店的人員組織形式比較複雜，由總公司直接管理的，一般分為三個層次：上層是公司總部負責整體事業的組織系統；中層是負責若干個分店的區域性管理組織和負責專項業務；下層是分店或成員店。不難理解，在這樣的機構裡，店長就是個「打工的」，拿總部的薪水，做事的積極性差強人意，店面的生意也就可想而知了。

　　相對而言，加盟店的積極性就高了許多。所謂的加盟，就是該企業組織，將該服務標章授權給加盟主，讓加盟主可以用加盟總部的形象、品牌、聲譽等，在商業的消費市場上，招攬消費者前往消費。盟主向總店的老闆繳納加盟金、保證金以及權利金等，總店與盟主簽訂加盟合約，許可其經營。如此一來，加盟店的店長就可以靈活多變的經營自己的店，最大限度的盈利。

　　有人會質疑了，如果這樣的話，誰還進直營店呢，都要自己去加盟了！錯。既然總部採取不一樣的經營方式，那就說明它們各有利弊。

　　直營店的自主權比較小，積極性、創造性和主動性受到限制；但是它們有總部「撐腰」，可以統一調動資金，統一經營策

略，統一開發和運用整體性事業，而且在貨源配置上，總部會優先考慮它們。比如本小節開頭說的，你在商圈的 A 店看中了一條褲子，地下街的 A 店就沒有，這很可能就是總部貨源配置的結果。

加盟店的自主權大一些，但這種「自由」也是有限度的。由於是採取標準化的體系，加盟店單方面進行革新的餘地沒有，必須按照總部的要求去做，加盟店老闆任意經營是不允許的。與加盟店的利益相較，通常總部的利益優先。並且，加盟店要支付加盟費和各種費用，承擔營業轉讓、競業禁止、保密等義務。

說了半天，直營也好，加盟也好，都是總店的「孩子」，幫著總店賺錢。總店養活這麼多孩子，就不怕賠錢嗎？其實，這裡大有學問，對於連鎖店來說，有個規模效應的槓桿，在背後起作用，「孩子」養得越多，總店越賺錢。

總之，連鎖店就是一種品牌推廣的重要方式。同時，統一的品牌形象也有助於連鎖店業績的提升。否則，如果沒有統一的品牌形象，「千店千面」，很難獲得品牌形象上的「規模效應」。不用說，沒有良好的品牌形象，連鎖店的盈利能力也將大打折扣。因此，消費者在面對眾多的「直營店」、「加盟店」的時候，無須被他們「遍布大江南北」的陣勢嚇唬住，店面多不如商品好，牌子是虛的，貨真價實才是真理。

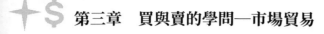 

### 知識連結

　　連鎖店是指眾多小規模的、分散的、經營同類商品和服務的同一品牌的零售店，在總部的組織領導下，採取共同的經營方針、一致的行銷行動，實行集中採購和分散銷售的有機結合，透過規範化經營實現規模經濟效益的聯合。連鎖店可分為直營連鎖（由公司總部直接投資和經營管理）和特許加盟連鎖（透過特許經營方式的組成的連鎖體系）。後者是連鎖經營的高級形式。連鎖店的形式可以包括批發、零售等行業，以至飲食及服務行業都可以連鎖式策略經營。

# 第四章　一切向「錢」看──
## 金融貨幣

幣值應該大幅升值嗎？投資日元還是黃金？國家也能破產嗎？什麼是存款準備金？外匯存底有什麼現實意義？什麼是匯率？套利是怎麼回事？什麼是融資？

# 1. 幣值應該大幅升值嗎

## 話裡話外

一段時間以來，幣值升值的話題總是在街頭巷尾的議論中不斷出現。那麼幣值升值對我們來說有什麼影響呢？幣值的升值是件好事還是壞事呢？

有的人認為幣值升值了，錢值錢了，老百姓出國旅遊、買原裝進口汽車、瑞士錶更便宜了，大企業到國外吞併企業成本降低了……從日元相對美元的升值就能看到其中的道理。一九八五年美、英、法、前聯邦德國在紐約廣場飯店舉行會議，迫使日本簽下了著名的《廣場協定》，簽字之前美元兌日元在 1 美元兌 250 日元上下波動，《協定》簽訂後，在不到三個月的時間裡，快速下跌到 200 日元附近，跌幅 20%。到一九八七年最低到達 1 美元兌 120 日元，在不到三年的時間裡，美元兌日元貶值達 50%，也就是說，日元兌美元升值一倍。日本人當時也以為自己一夜之間成為了富翁，但事實卻是日本的經濟所遭受的打擊用了二十年也沒有恢復過來！

## 知識連結

幣值匯率亦稱「外匯行市或匯價」。一國貨幣兌換另一國貨

幣的比率，是以一種貨幣表示的另一種貨幣的價格。由於世界各國貨幣的名稱不同，幣值不一，所以一國貨幣對其他國家的貨幣要規定一個兌換率，即匯率。

# 2. 錢多了是好事還是壞事

### 話裡話外

諾貝爾經濟學獎得主薩繆爾森在他的經濟學教科書中講了兩個酒鬼的故事。

有兩個酒鬼一起去給主人買一瓶十元的酒。回來的路上，酒鬼 A 實在抵擋不住酒的誘惑，就說他決定用自己僅有的一元買瓶中十分之一的酒喝。於是他把錢交給酒鬼 B 之後，喝了酒的十分之一。酒鬼 B 認為這個主意不錯，於是就把 A 交給他的一元又交給 A，也「買」了十分之一的酒喝進肚裡。這個過程一直繼續下去，直到那瓶酒喝完。就這樣，他們倆用一元享用了十元的酒。

這個故事的極端推論是：我們手裡到底有多少貨幣其實並不重要，重要的是，這些錢在我們之間透過交易流動的速度是否足夠快，或者在一定時間內流動的次數是否充分的多。貨幣的流動速度越快，我們實際享用到的財富就越多。如果酒鬼 A 第一次喝完酒之後，酒鬼 B 既不喝酒（停止「消費」），或者也不肯把那一元借給 A 去繳費，那麼，酒鬼 A 就無法再有第二次享受，經濟將就此停滯。

所謂「流動性」，實際上是指一種商品對其他商品實現交易

的難易程度。衡量難易程度的標準是該商品與其他商品實現交易的速度。當該商品與其他商品交易速度加快，也就是非常容易實現交易的時候，流動性就會出現過剩；當該商品與其他商品的交易出現速度減緩，也就是實現交易非常困難的時候，流動性就會出現不足。

經濟學家說：「流動性過剩是經濟泡沫的幕後推手。」人們普遍認為，是流動性過剩將經濟的泡沫越吹越大，最終引發經濟危機。流動性過剩究竟是什麼含義呢？它為何有如此大的威力來製造經濟泡沫呢？

簡單的說，流動性過剩就是貨幣當局貨幣量發行過多、貨幣量的成長過快，銀行機構資金來源充沛，居民儲蓄增加迅速。從總體經濟上看，它表現為貨幣成長率超過 GDP 成長率；就銀行系統而言，則表現為存款增速大大快於貸款增速。流動性過剩導致的結果，首先是大量的資金追逐房地產、基礎資源和各種金融資產，形成資產價格的快速上漲。而資產價格的上升，必然會推動消費品價格的上升。在一些因素的刺激下，部分流動性資產開始追逐消費品，就會引起物價的較快上漲。流動性過剩容易引發經濟過熱，產生經濟泡沫，因此，它往往成為各國普遍關注的經濟現象。

### 知識連結

在經濟學中，流動性是指某種資產轉換為支付清償手段或

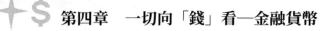
者說變現的難易程度。由於現金不用轉換為別的資產就可以直
接用於支付或清償，因此，現金被認為是流動性最強的資產。
在總體經濟層面上，人們常把流動性直接理解為不同統計口徑
的貨幣信貸總量，因此流動性過剩一定意義上來講也可以說是
現金過剩。

# 3. 投資日元還是黃金

## 話裡話外

乍看上去，黃金和日元之間似乎沒有多少共同點 —— 前者自古以來就是價值儲藏手段，後者則是一個經濟成長乏力、政府債務龐大國家的貨幣。不過，兩者都被視為當前亂世中的安全港。奇怪的是，日元或許更配得上這個榮譽稱號。

從歷史上看，黃金的確是一種價值儲藏手段 —— 直到它變成又一種金融資產，隨著投機氣氛與熱錢流動的變化而變化。上一輪黃金牛市於三十年前見頂回落。隨後的熊市於二〇〇一年觸底，其標誌是英國財政部出售其黃金儲備。在這中間的二十年，黃金的實際資本損失超過 80%，比任何可比期間股市回報的表現都要差得多。黃金非但沒有達到儲藏價值的作用，反而讓投資者損失慘重。原因很簡單。到一九八〇年，黃金投資已呈現出典型的狂熱症狀：自一九七一年「黃金視窗」關閉以後，金價上漲了二十倍。投資者或許認為，在世界似乎正在奔向貨幣末日戰爭之際，投資黃金是審慎之舉。事實上，他們是在看著後照鏡開車 —— 忽視了極其廉價的股票，轉而青睞過去十年表現最佳的資產。這一次，金價的上漲較為溫和 —— 就目前來看，但投資者的不理性似乎更加嚴重。至少在一九七〇年

代，投資者明顯是在對沖 —— 通膨風險。而近期金價的上漲卻發生於低通膨時期。一半的漲幅出現在二〇〇三年至二〇〇七年期間，當時，全球成長勢頭強勁，信貸擔憂微乎其微。另一半出現在衰退與金融危機期間。黃金已經變成了一種適應所有氣候的投資，無論是繁榮還是衰退都會上漲。一個不容忽視的事實是，黃金根本就不是投資品。由於它不會產生回報，因而也沒有基本面價值，因此任何價格 —— 每盎司五百美元也好，五千美元也罷 —— 都可以用同樣的論點證明其合理性。黃金購買者只不過是相信「博傻理論 (bigger fool theory)」 —— 會有一個更大的傻瓜以更高的價格從他們的手中買走黃金。他們是在投機，而非投資；就像所有投機者一樣，他們投機的是其他投機者的投機。給它裹上交易所交易基金（ETF）的外衣，也不會有什麼差別。

　　與黃金不同，日元的持有量偏低。很少有外國投資者持有日元現金或債券，各國央行的持有量也同樣少得可憐。此外，儘管日元的名義價值在升高，但由於年復一年未曾處理的通縮，日元的實際價值並不是特別高。根據日本央行 (BoJ) 的日元實際有效匯率指數，日元目前更接近過去二十年的低點，而不是高點。事實上，若要達到一九九五年的高點（1 美元兌 79 日元），日元實際匯率需要再上升 50%。最重要的是，日元並不是像黃金那樣的「不結果」資產。它會產生回報。日本官方公布的

通縮率為 1.5%，這意味著，日元持有者每年可免稅增加 1.5% 的購買力。不過，美國學者大衛·韋恩斯坦 (David Weinstein) 表示，官方資料將日本的通縮率低估了幾個百分點。如果他是對的（憑直覺，1.5% 似乎確實太低），那麼日元產生的回報非常有競爭力。或許，這就是日本家庭和企業一直不遺餘力的儲備日元的原因。日元也有一個缺點。黃金供應量少而且受到限制，日本央行則可以隨心所欲的創造日元。這正是一些外國觀察人士以及越來越多日本官員所建議的。不過，日本前首相菅直人 (Naoto Kan) 試圖以增稅計畫，來贏得最近的上院選舉的災難性決定，使日本政局陷入了混亂。日本政客毫無理由向他人施壓。當然，日本央行可以自行改變政策，但這就等於要承認自己的基本哲學是錯誤的 —— 這種可能性就像櫻花在仲冬時節盛開一樣。日元與黃金的霸主爭奪戰，似乎必將繼續。

在投資前，首先要了解該金融公司的實力和投資顧問的能力。以香港為例，只要一間金融公司既有黃金交易，那這間公司就具備一定的資金實力，值得信賴。因為在香港，根據證券處法例，一間金融公司可以進行現貨黃金買賣，必須注資五百萬港幣以上。因此，必須具有相當實力才可以開辦一間這樣的金融公司。假如那間公司除了從事黃金交易，還有自己的金礦，自己集團，擁有金銀業貿易場批准的電子交易會員資格，有合格的會員號和金牌，那麼這間公司的資金實力就更加雄

厚，規模更加大，它受到香港相關部門的監控就更加嚴格，對客戶的資金就更加有保障。在香港等國際金融中心，金融市場有相當長的歷史，具有一套完善的金融體制和監控制度，令投資者能放心去投資，特別對於那些有相當實力領取了相關牌照的金融公司，更加能令投資者放心資金的安全。而且在香港等國際金融中心，由於金融市場已形成相當長的歷史，當地的金融氣氛濃厚，因此投資顧問的投資經驗也優越很多。

那投資者怎樣與境外的投資公司聯繫呢？境外的金融公司會設有辦事處或者有駐守的職員（另外還有部分投資公司與境外金融公司簽署合作協定），投資者只要與他們取得聯繫，投資的時候是與境外的金融公司簽訂買賣協定，然後將資金匯到該境外金融公司上，那就可以進行倫敦金的投資了。

### 知識連結

現貨黃金也叫國際現貨黃金和倫敦金，是即期交易，指在交易成交後交割或數天內交割。是唯一全球流通的金融產品。現貨黃金每天的交易量巨大，日交易量約為二十萬億美元。因此沒有任何財團和機構能夠人為操控如此巨大的市場，完全靠市場自發調節。現貨黃金市場沒有莊家，市場規範，自律性強，法規健全。

# 4. 國家也能破產嗎

## 新聞回顧

美國華爾街金融危機不斷蔓延，不僅將美國經濟弄得徹底混亂，而且最終全面引發了全球經濟危機。雖然各國都積極面對危機，頒布了各類政策、籌措了巨額資金等以應對這場百年不遇的經濟大災難，但終難以挽回資本市場的面臨崩潰的境地。由於投資者對未來市場的信心逐漸喪失，世界各大股市在今天都大破歷史記錄的大跌，俄羅斯為了應對這場史無前例的經濟危機，竟然直接關閉股市，這在從前是聞所未聞的。在這場危機中還聽到了一個以前沒注意或從沒有聽說過的另一個新名詞 —— 國家破產。所謂國家破產，是指一國因經濟低迷或崩潰，國家不能償還國際債務，導致國家經濟無法運轉。在這場危機中，曾被稱為最適宜人類住居的「人間天堂」—— 冰島，成為了第一個犧牲品，二〇〇八年十月六日冰島總理在電視講話中向全體國民發出警告，稱冰島已到了國家破產的邊緣。

## 話裡話外

金融危機可以分為貨幣危機、債務危機、銀行危機、次貸危機等類型。近年來的金融危機越來越呈現出某種混合形式

的。其特徵是人們基於經濟未來將更加悲觀的預期，整個區域
內貨幣值出現幅度較大的貶值，經濟總量與經濟規模出現較大
的損失，經濟成長受到打擊。往往伴隨著企業大量倒閉，失業
率提高，社會普遍的經濟蕭條，甚至有些時候伴隨著社會動盪
或國家政治層面的動盪。

　　冰島，一個人口僅為 36.64 萬（二〇二〇年統計）的歐洲
小國，因沒有其他支柱產業，金融產業就在國民經濟中的比
重就遠遠超過了其他微不足道的產業。冰島在經濟前景良好的
前幾年，效仿其他發達國家，投資銀行，在國際金融市場大
量借入低利短債，投資高獲利長期資產，比如房地產，次貸
按揭資產，導致冰島銀行過度借貸，資產負債出現嚴重不平
衡。全球經濟危機連鎖反應後，如今冰島金融業外債已經超過
一千三百八十三億美元，而冰島生產毛額僅為一百九十三億美
元，顯然即使冰島將國家所有的資金拿出來也無法添補這個巨
大的經濟黑洞，而所有負債如果折算給國民，現在冰島全民都
成了「負翁」，每人欠債高過二十萬美元。這幾天冰島頻頻向其
他國家伸出求助之手，但多數國家因經濟問題同樣嚴重而不予
理會，只有俄羅斯基於地緣政治考慮答應借貸四十億歐元以幫
助冰島度過難關，但這點資金是不能從根本上解決冰島目前的
經濟困局的，從理論上說冰島作為一個國家已經破產了。

　　許多人覺得金融危機發生在冰島是一件不可思議的事，要

知道冰島人素以行事謹慎小心著稱，冒險並不是他們的天性。冰島人被認為是北歐最勤奮的人，他們平均每週工作四十七小時，而其他北歐國家的居民只工作三十八小時，冰島的貧富差距幾乎是全球最低的。冰島的失業率一直維持在 1% 以下，這個數字意味著冰島人只要想工作，就一定有工作。就是這樣一個人均生產毛額位居全球前列、平均壽命超過八十歲、犯罪率趨於零，長期被稱為「世界上最幸福的國家」，怎麼會一下子淪落到「破產」的境地呢？

冰凍三尺，非一日之寒，在此之前，冰島的虛擬經濟規模超過了實體經濟，早就給這場危機埋下了伏筆。長久以來，漁業一直是冰島的支柱產業，漁業產品出口是其主要外匯來源。但冰島政府認為，靠資源拉動的經濟成長過於緩慢，於是大力發展金融業，資源也開始向扶植金融產業的方向傾斜。最近兩年，冰島金融業發展迅速，已處於經濟主導地位，與此同時，漁業等傳統實體產業卻持續萎縮。冰島金融業的過度擴張，導致其金融業這艘大船的發展已經壯大到難以控制的地步，一遇上次貸危機這股「東風」，那麼被吹得七零八落也只不過是轉瞬之間的事情了。

冰島的社會福利十分健全，居民看病、上學都是免費的，孩子也是國家養著，並且失業的人獲得的福利金和薪資差不多，所以冰島人根本不用擔心失業後生活會受什麼影響。而金

融業的蓬勃發展給居民帶來的好處就是讓他們變得更加富裕起來，他們可以肆無忌憚的買各種奢侈品，雖然錢是借來的，但是沒問題，在這樣的經濟環境下根本不愁借不到錢，所以按照這個邏輯，冰島人還是讓全世界人民羨慕的群體。但是很不幸，次貸引發的金融危機席捲了全球，應該說冰島只是眾多「賭徒」中最規矩、最老實的一個，但恰恰也是最脆弱的一個。冰島是一個人口只有 36.64 萬的小國家，當在整個經濟危機中受損最大的金融業一旦崩潰，那麼所有問題就一下子浮出水面了。這次全球信貸危機讓冰島一下子成為全球負債水準最高的國家之一。

假如一個企業身陷此等困境，唯有破產一條路可走。那麼，理論上瀕臨「國家破產」的冰島會不會破產呢？答案是否定的。「國家破產」更像是一個形容詞，以展現一國經濟形勢之危急；而不是一個動詞，並不預示著一個國家馬上就會吹燈拔蠟、改換門庭。就拿冰島來說，縱然外債遠超過其生產毛額，但是依然可以在現有的國際秩序框架內找到克服時艱的途徑，比如向俄羅斯這樣的大國借貸，還可以尋求國際貨幣基金組織 (IMF) 的援助。其實，早在六年前，IMF 就曾經編訂過主權國家破產方案，但是其目的不是為了剝奪某個國家的主權，而是建立一種「破產保護」的國際金融機制，讓那些負債累累的國家得以申請「破產保護」，並使債務國能夠盡快走出危機。

由此看來，在金融危機中風雨飄搖的冰島，雖然瀕臨「國家破產」絕境，但是它並不會成為如雷曼兄弟一樣的危機犧牲品，或者說它就如同一鍋金融危機煮出來半生不熟的飯，誰也難以將其當獵物吞下去。只是最終龐大的外債將會壓在三十六萬人的身上，以透支冰島的國家信用和幾代冰島人幸福指數的代價，慢慢償還。

　　聽起來結論多少有點讓人頹喪，竟然沒有誰為一個國家如此深重的災難承擔責任。為了迴避國家主權問題，曾有學者提出「主權政府破產」的概念，即一個主權國家的政府不能償還其應償付的債務時，用其所擁有的金融資產償還其外債，不足的部分不予償還，政府宣布解散，由其人民推舉組成新一屆政府，原政府主要組成人員不得再在政府中任職，債權人亦不得再向新政府要求償付原未得到清償的債務——聽起來也算是一種「破產」，但更像是專為債務國逃避外債而設計的「金蟬脫殼」之計，缺乏對債權人的誠信意識。

## 知識連結

　　金融危機又稱金融風暴 (The Financial Crisis)，是指一個國家或幾個國家與地區的全部或大部分金融指標（如：短期利率、貨幣資產、證券、房地產、土地價格、商業破產數和金融機構倒閉數）的急劇、短暫和超週期的惡化。

## 5. 衡量經濟的天平 —— GDP

### 話裡話外

有這樣一個詞，在政府的工作報告和老百姓的嘴裡經常被提及，那就是 GDP。GDP 成長速度已經成為衡量一個國家經濟發展水準的重要指標，那麼就讓我們了解什麼是 GDP，而它的成長又能給我們帶來哪些現實意義呢？

一般來說，GDP 的成長速度反映了一個國家經濟發展的速度。如果一個國家的 GDP 大幅成長，說明這個國家經濟蓬勃發展，國民收入增加，消費能力也隨之增強；反過來說，如果一個國家的 GDP 出現負成長。顯示該國經濟處於衰退狀態，國民的消費能力也會隨之降低。但是傳統的 GDP 核算是有一定缺陷的，美國有這樣一個有意思的小故事很有深意：

有兩個非常聰明的經濟學天才，他們經常為一些高深的經濟學理論爭辯不休。一天飯後去散步，為了某個數學模型的證明，兩位傑出天才又爭論了起來。正在難分高下的時候，突然發現前面的草地上有一顆爛蘋果。甲就對乙說，如果你能把它吃下去，我願意出五千萬美元。五千萬的誘惑可真不小，吃還是不吃呢？乙掏出紙筆，進行了精確的數學計算，很快得出了經濟學上的最優解：吃！於是甲損失了五千萬美元。兩個人繼

續散步，突然又發現一個爛蘋果，這時候乙開始劇烈的反胃，而甲也有點心疼剛才花掉的五千萬美元了。於是乙說，你把它吃下去，我也給你五千萬美元。於是，不同的計算方法，相同的計算結果 —— 吃！甲心滿意足的收回了五千萬美元，而乙似乎也找到了一點心理平衡。可是突然，天才們同時號啕大哭：鬧了半天我們什麼也沒有得到，卻白白的吃了兩個爛蘋果！他們怎麼也想不通，只好去請他們的導師 —— 一位著名的經濟學家給出解釋。

聽了兩位高徒的故事，沒想到導師也號啕大哭起來。好容易等情緒穩定了一點，只見導師顫巍巍的舉起一根手指頭，無比激動的說：一億啊！一億啊！你們僅僅吃了兩個蘋果，就為國家的 GDP 貢獻了一億美元的產值！

故事聽起來雖然非常荒謬，但卻發人深省。一個國家或地區的經濟究竟處於成長抑或衰退階段，從這個數字的變化便可以觀察到。一般而言，GDP 公布的形式不外乎兩種，以總額和百分比率為計算公司。當 GDP 的成長處於正數時，即顯示該地區經濟處於擴張階段；反之，如果處於負數，即表示該地區的經濟進入衰退時期了。國內生產毛額是指一定時間內所生產的商品與勞務的總量乘以「貨幣價格」或「市價」而得到的數字，即名義國內生產毛額，而名義國內生產毛額成長率等於實際國內生產毛額成長率與通貨膨脹率之和。因此，即使總產量沒有

增加，僅價格水準上升，名義國內生產毛額仍然是會上升的。在價格上漲的情況下，國內生產毛額的上升只是一種假象，有實質性影響的還是實際國內生產毛額變化率，所以使用國內生產毛額這個指標時，還必須透過 GDP 縮減指數，對名義國內生產毛額做出調整，從而精確的反映產出的實際變動。

因此，一個季度 GDP 縮減指數的增加，便足以表明當季的通貨膨脹狀況。如果 GDP 縮減指數大幅度的增加，便會對經濟產生負面影響，同時也是貨幣供給緊縮、利率上升、進而外匯匯率上升的先兆。在經濟學中，常用 GDP 和 GNI（國民總收入，Gross NationalIncome）共同來衡量該國或地區的經濟發展綜合水準通用的指標。這也是目前各個國家和地區常採用的衡量手段。GDP 是總體經濟中最受關注的經濟統計數字，因為它被認為是衡量國民經濟發展情況最重要的一個指標。一般來說，國內生產毛額有三種形態，即價值形態、收入形態和產品形態。從價值形態看，它是所有常駐公司在一定時期內生產的全部貨物和服務價值與同期投入的全部非固定資產貨物和服務價值的差額，即所有常駐公司的增加值之和；從收入形態看，它是所有常駐公司在一定時期內直接創造的收入之和；從產品形態看，它是貨物和服務最終使用減去貨物和服務進口。GDP 反映的是國民經濟各部門的增加值的總額。

## 知識連結

國內生產毛額（Gross Domestic Product，簡稱 GDP）國內生產毛額是指在一定時期內（一個季度或一年），一個國家或地區的經濟中所生產出的全部最終產品和勞務的價值，常被公認為衡量國家經濟狀況的最佳指標。它不但可反映一個國家的經濟表現，更可以反映一國的國力與財富。一般來說，國內生產毛額共有四個不同的組成部分，其中包括消費、私人投資、政府支出和淨出口額。用公式表示為：GDP = CA + I + CB + X 式中：CA 為消費、I 為私人投資、CB 為政府支出、X 為淨出口額。

## 6. 什麼是存款準備金

### 話裡話外

作為傳統三大貨幣政策工具之一的存款準備金率，是央行要求金融機構為了保障客戶能夠提取存款和保持足夠資金作清算，而準備存放在央行的存款。存款準備金率變動對商業銀行的作用過程如下：

(1) 成長關係：當中央銀行提高法定準備金率時，商業銀行可提供放款及創造信用的能力就下降。因為準備金率提高，貨幣乘數就變小，從而降低了整個商業銀行體系創造信用、擴大信用規模的能力，其結果是社會的銀根偏緊，貨幣供應量減少，利息率提高，投資及社會支出都相應縮減。反之，亦然。打比方說，如果存款準備金率為 7%，就意味著金融機構每吸收一百萬元存款，要向央行繳存七萬元的存款準備金，用於發放貸款的資金為九十三萬元。倘若將存款準備金率提高到 7.5%，那麼金融機構的可貸資金將減少到九十二萬五千元。

(2) 在存款準備金制度下：金融機構不能將其吸收的存款全部用於發放貸款，必須保留一定的資金即存款準

備金,以備客戶提款的需要,因此存款準備金制度有利於保證金融機構對客戶的正常支付。隨著金融制度的發展,存款準備金逐步演變為重要的貨幣政策工具。當中央銀行降低存款準備金率時,金融機構可用於貸款的資金增加,社會的貸款總量和貨幣供應量也相應增加;反之,社會的貸款總量和貨幣供應量將相應減少。

(3) 發展:中央銀行透過調整存款準備金率,可以影響金融機構的信貸擴張能力,從而間接調控貨幣供應量。超額存款準備金率是指商業銀行超過法定存款準備金而保留的準備金占全部活期存款的比率。從形態上看,超額準備金可以是現金,也可以是具有高流動性的金融資產,如在中央銀行帳戶上的準備存款等。

## 知識連結

存款準備金是指金融機構為保證客戶提取存款和資金清算需要而準備的在中央銀行的存款,中央銀行要求的存款準備金占其存款總額的比例就是存款準備金率 (deposit-reserveratio)。

# 7. 外匯存底有什麼現實意義

## 話裡話外

為了應付國際支付的需要，各國的中央銀行及其他政府機構所集中掌握的外匯即外匯存底。同黃金儲備、特別提款權以及在國際貨幣基金組織中可隨時動用的款項一起，構成一國的官方儲備（儲備資產）總額。外匯存底的主要用途是支付清償國際收支逆差，還經常被用來干預外匯市場，以維持國家貨幣的匯率。有政府在國外的短期存款，其他可以在國外兌現的支付手段，如外國有價證券，外國銀行的支票、期票、外幣匯票等。第二次世界大戰後很長一段時期，西方國家外匯存底的主要貨幣是美元，其次是英鎊，一九七〇年代以後，又增加了德國馬克、日元、瑞士法郎、法國法郎等。在國際儲備資產總額中，外匯存底比例不斷增高。外匯存底的多少，從一定程度上反映一國應付國際收支的能力，關係到該國貨幣匯率的維持和穩定。它是顯示一個國家經濟、貨幣和國際收支等實力的重要指標。

正所謂手裡有糧，心中不慌。外匯存底一個最重要的作用就是干預外匯市場，平衡本幣的匯率。例如 A 幣值相對美元貶值，證明流通中的 A 幣值過多而美元外幣過少，為了穩定匯

率，央行就會拋出儲備的美元而買入Ａ幣值，使市場上流通的Ａ幣值相對變少，恢復與美元的匯率平衡，這時外匯存底的作用就顯現出來了。現階段Ａ幣值因巨額順差面臨升值壓力，流入的美元過多，央行要控制Ａ幣值的升值，保持穩定的匯率，相對於過多的美元就只能發行相對的Ａ幣值來平衡，這使得流通的Ａ幣值更加氾濫，內部又出現通貨膨脹。這是現在央行面臨的兩難境地，升值和通貨膨脹並存。

大量的外匯存底，意味著該國有著充裕的國際支付能力，基本上彰顯了國家的經濟實力和國際地位，但這超額的外匯存底也是一把「雙刃劍」。

在全球經濟一體化的浪潮中，將更多的參與國際化金融體系的競爭，此時有強大的外匯存底做後盾，國家經濟將能夠抵抗更加巨大的衝擊。但同時也必須要看到外匯存底過多，也可能給經濟帶來極大的風險。

## 知識連結

外匯存底 (Foreign Exchange Reserve)，又稱為外匯存底，指一國政府所持有的國際儲備資產中的外匯部分，即一國政府保有的以外幣表示的債權。是一個國家貨幣當局持有並可以隨時兌換外國貨幣的資產。狹義而言，外匯存底是一個國家經濟實力的重要組成部分，是一國用於平衡國際收支，穩定匯率，償還對外債務的外匯累積。廣義而言，外匯存底是指以外

匯計價的資產，包括現鈔、海外銀行存款、海外有價證券等。
外匯存底是一個國家國際清償力的重要組成部分，同時對於平
衡國際收支、穩定匯率有重要的影響。

# 8. 什麼是匯率

## 話裡話外

有個人住在墨西哥和美國邊境的地方。有一天他拿了一比索，在墨西哥那邊買了一杯啤酒，當時啤酒是一毛錢，他拿一塊錢就找回了九毛錢，喝完啤酒之後，他就跑到美國去了。美國那邊是一美元兌換零點九比索，他就拿九毛錢換回一美元。

這個人又走進美國的酒吧，這裡的啤酒也是一毛錢，不過是美元。他用剛換回來的一塊錢買啤酒，又找回來零點九美元，再跑回墨西哥。原來在墨西哥，一比索是可以換零點九美元的。他就用零點九美元又換回了一比索。

就這樣，他來來回回喝了無數啤酒，卻一分錢都沒有花。誰付了這個錢？答案是「匯率」。

匯率是國際貿易中最重要的調節槓桿。因為一個國家生產的商品都是按本國貨幣來計算成本的，要拿到國際市場上競爭，其商品成本一定會與匯率相關。匯率的高低也就直接影響該商品在國際市場上的成本和價格，直接影響商品的國際競爭力。

各國貨幣之所以可以進行對比，能夠形成相互比價關係，原因在於它們都代表著一定的價值量，這是匯率的決定基礎。

在金本位制度下，黃金為本位貨幣。兩個實行金本位制度國家的貨幣公司可以根據它們各自的含金量多少來確定它們之間的比價，即匯率。

從短期來看，一國的匯率由對該國貨幣兌換外幣的需求和供給決定。外國人購買國家商品、在國家投資以及利用國家貨幣進行投資會影響國家需求傾向。國家居民想購買外國產品、向外國投資以及外匯投資影響國家貨幣供給。

匯率有什麼作用呢？

(1) 匯率與進出口：一般來說，本幣匯率下降，即本幣對外的幣值貶低，能達到促進出口、抑制進口的作用；若本幣匯率上升，即本幣對外的比值上升，則有利於進口，不利於出口。

(2) 匯率與物價：從進口消費品和原材料來看，匯率的下降要引起進口商品在的價格上漲。至於它對物價總指數影響的程度則取決於進口商品和原材料在國民生產毛額中所占的比重。反之，本幣升值，其他條件不變，進口品的價格有可能降低，從而可以起抑制物價總水準的作用。

(3) 匯率與資本流出入：短期資本流動常常受到匯率的較大影響。當存在本幣對外貶值的趨勢下，國家投資者和外國投資者就不願意持有以本幣計值的各種金融

資產，並會將其轉兌成外匯，發生資本外流現象。同時，由於紛紛轉兌外匯，加劇外匯供過於求，會促使本幣匯率進一步下跌。反之，當存在本幣對外升值的趨勢下，國家投資者和外國投資者就力求持有的以本幣計值的各種金融資產，並引發資本內流。同時，由於外匯紛紛轉兌本幣，外匯供需緊張，會促使本幣匯率進一步上升。

匯率的變動對經濟產生怎樣的影響呢？

## （一）對國際收支的影響

（1）對貿易收支影響：滿足馬歇爾 - 勒納條件後，一國的貨幣貶值才能達到促進出口，抑制進口的作用，從而改善國際收支。

（2）對服務貿易收支影響：貶值利於改善該項目。

（3）對資本項目差額影響：實際的市場匯率與人們預期的市場匯率不相等時，造成國際資本的流動。

## （二）對國內經濟的影響

（1）對國內物價水準的影響：本幣貶值，一方面導致進口的商品價格上漲，另一方面由於出口的商品需求成長，導致出口商品的價格上漲。

（2）對國民收入、就業和資源配置的影響：本幣貶值，利於出口限制進口，限制的生產資源轉向出口產

業，進口替代產業，促使國民收入增加，就業增
加，由此改變生產結構。

（3）對個體經濟活動影響。

### 知識連結

貨幣匯率亦稱「外匯行市或匯價」，是國際貿易中最重要
的調節槓桿。一國貨幣兌換另一國貨幣的比率，是以一種貨幣
表示另一種貨幣的價格。由於世界各國貨幣的名稱不同，幣值
不一，所以一國貨幣對其他國家的貨幣要規定一個兌換率，
即匯率。

# 9. 套利是怎麼回事

## 話裡話外

套利試圖利用不同市場或不同形式的同類或相似金融產品的價格差異牟利。最理想的狀態是無風險套利。以前套利是一些機警交易員採用的交易技巧，現在已經發展成為在複雜電腦程式的幫助下從不同市場上同一證券的微小價差中獲利的技術。例如：如果電腦監控下的市場發現 ABC 股票可以在紐約證券交易所以 10 美元的價格買到而在倫敦證券交易所以 10.12 美元的價格賣出，套利者或者專門的程式就會同時在紐約買入而在倫敦賣出同等數量的 ABC 股票，從而獲得兩市場的價格差。

套利一般可分為三類：跨期套利、跨市套利和跨商品套利。

跨期套利：跨期套利是套利交易中最普遍的一種，是利用同一商品但不同交割月分之間正常價格差距出現異常變套利書籍化時進行對沖而獲利的，又可分為牛市套利 (bull spread) 和熊市套利 (bear spread) 兩種形式。例如在進行金屬牛市套利時，交易所買入近期交割月分的金屬合約，同時賣出遠期交割月分的金屬合約，希望近期合約價格上漲幅度大於遠期合約價格的上漲幅度；而熊市套利則相反，即賣出近期交割月分合約，買入遠期交割月分合約，並期望遠期合約價格下跌幅度小於近

181

期合約的價格下跌幅度。

　　跨市套利：跨市套利是在不同交易所之間的套利交易行為。當同一期貨商品合約在兩個或更多的交易所進行交易時，由於區域間的地理差別，各商品合約間存在一定的價差關係。例如倫敦金屬交易所 (LME) 與上海期貨交易所 (SHFE) 都進行陰極銅的期貨交易，每年兩個市場間會出現幾次價差超出正常範圍的情況，這為交易者的跨市套利提供了機會。例如當 LME 銅價低於 SHFE 時，交易者可以在買入 LME 銅合約的同時，賣出 SHFE 的銅合約，待兩個市場價格關係恢復正常時再將買賣合約對沖平倉並從中獲利，反之亦然。在做跨市套利時應注意影響各市場價格差的幾個因素，如運費、關稅、匯率等。

　　跨商品套利：跨商品套利指的是利用兩種不同的、但相關聯商品之間的價差進行交易。這兩種商品之間具有相互替代性或受同一供需因素制約。跨商品套利的交易形式是同時買進和賣出相同交割月分但不同種類的商品期貨合約。例如金屬之間、農產品之間、金屬與能源之間等都可以進行套利交易。

　　交易者之所以進行套利交易，主要是因為套利的風險較低，套利交易可以為避免始料未及的或因價格劇烈波動而引起的損失提供某種保護，但套利的盈利能力也較直接交易小。套利的主要作用一是幫助扭曲的市場價格回覆到正常水準，二是增強市場的流動性。一個簡單的例子就是，以較低的利率借入

資金，同時以較高的利率貸出資金，假定沒有違約風險，此項行為就是套利。這裡最重要的是時間的同一性和收益為正的確定性。

「套利」被一些人譽為「無風險投資」，它真的那麼神奇嗎？事實上，任何投資都存在風險，只不過套利的風險非常有限。

由於套利行為的存在以及套利者之間的競爭選擇，期貨合約之間的價格偏差會得到糾正。考慮到套利的交易成本，期貨合約之間的價差會維持在一個合理範圍內，所以價差超過該範圍的情況是不多的。這意味著你可以根據價差的歷史統計，在歷史的高位或低位區域建立套利頭寸，同時你可以估算出所要承擔的風險水準。

另外，套利波動率更低。由於套利交易博取的是不同合約的價差收益，而價差的一個顯著優點是通常具有更低的波動率，於是套利者面臨的風險更小。一般而言，價差的波動比期貨價格的波動小得多。期貨的價格由於其較大的波動率往往不容易預測。在牛市中，期貨價格會漲得出乎意料的高；而在熊市中，期貨價格會跌得出乎意料的低。套利交易不是直接預測未來期貨合約的價格變化，而是預測未來供需關係變化引起的價差的變化。做後一種預測顯然比前一種預測的難度大為降低。決定未來影響商品價格的供需關係是十分複雜的，雖然有規律可循，但仍然包含許多不確定性。而預測價差的變化，則

不必考慮所有影響供需關係的因素。由於兩種期貨合約的關聯性，許多不確定的供需關係只會造成兩種合約價格的同漲同跌，對價差的影響不大，對這一類供需關係就可以忽略了。預測兩種合約間價差的變化只需要關注各合約對相同的供需關係變化反應的差異性，這種差異性決定了價差變動的方向和幅度。

「天下沒有白吃的午餐」，套利雖然具有有限風險、更低風險的優點，但畢竟還是有風險的。這種風險來自於：價格偏差繼續錯下去。合約之間的強弱關係往往在短期內保持「強者恆強，弱者恆弱」的態勢。假如這種價格偏差最終會被糾正，套利者在這種交易中也不得不遭受暫時的損失。如果投資者能承受這種虧損，最終就會轉虧為盈，但有時投資者無法熬過虧損期。況且，如果做空的合約遇到擠空現象且持續到該合約交割，那麼價格偏差將無法糾正，套利交易必以失敗告終。

並且，絕好的套利機會很少頻繁出現。套利機會的多寡，與市場的有效程度密切相關。市場的效率越低，套利機會越多；市場的效率越高，套利機會越少。就目前期貨市場而言，有效程度還不高，各個期貨品種每年都會存在幾次較好的套利機會。不過，相對於單邊大趨勢，每年的套利機會也算多的了。

### 知識連結

套利 (Arbitrage)：指同時買進和賣出兩張不同種類的期貨合約。交易者買進自認為是「便宜的」合約，同時賣出那些「高

價的」合約，從兩合約價格間的變動關係中獲利。在進行套利時，交易者注意的是合約之間的相互價格關係，而不是絕對價格水準。

## 10. 什麼是融資

### 話裡話外

　　狹義上講，融資即是一個企業的資金籌集的行為與過程。也就是公司根據自身的生產經營狀況、資金擁有的狀況，以及公司未來經營發展的需要，透過科學的預測和決策，採用一定的方式，從一定的管道向公司的投資者和債權人去籌集資金，組織資金的供應，以保證公司正常生產需要、經營管理活動需要的理財行為。公司籌集資金的動機應該遵循一定的原則，透過一定的管道和一定的方式去進行。我們通常講，企業籌集資金無非有三大目的：企業要擴張、企業要還債以及混合動機（擴張與還債混合在一起的動機）。

　　從廣義上講，融資也叫金融，就是貨幣資金的融通，當事人透過各種方式到金融市場上籌措或貸放資金的行為。從現代經濟發展的狀況看，作為企業需要比以往任何時候都更加深刻，全面的了解金融知識、了解金融機構、了解金融市場，因為企業的發展離不開金融的支援，企業必須與之打交道。

　　融資可分為「內部融資」與「外部融資」。內部融資，顧名思義就是在企業內部募集的資金。企業做生意，若有足夠的利潤，就會把這些錢拿去付員工的薪資，還可以去還債。除去這

些還有剩餘的話，不是深鎖在公司的保險箱，就是拿到銀行的保險櫃好好保管，為了將來的需要事前儲備起來。像這樣，企業把自己賺來的錢作為投資資金，就叫內部融資。

與之相對應，外部融資就是企業自己的錢不夠用，進而向銀行貸款，或者發行公司股票、債券等，向所有可能的人募集資金。

比如說，張三開了一家小超市，如果超市經營得很不錯，賺來的利潤足夠他擴大超市的規模，他就不需要進行外部融資。但是，張三是個野心勃勃的人，他覺得用自己的錢還不能夠把超市擴展到希望的規模，就打起了身邊的人的主意。他對幾個朋友說：你們投資進我的超市吧，我給你們股份，超市算我們幾個人的。我們按照投資比率分紅。

幾個朋友想了想，覺得這是一項很划算的投資，比儲蓄、股票、基金的利潤都高，於是很放心的把錢投進了張三的超市。

現在就出現了兩種可能性。一種是張三一諾千金，超市順利的擴大了規模，賺了錢，跟大家分紅。還有一種可能就是張三私心作祟，並沒有把朋友的錢用來做生意，而是挪做私用，甚至騙大家說超市經營不善，錢全賠進去了……

這後面一種情況，就是在投資界經常提到的「龐氏騙局」。

「龐氏騙局」源自於一個名叫查爾斯‧龐齊 (Chales Ponzi)，他是一個義大利人，一九〇三年移民到美國。在美國

做過各種工作，包括油漆工，一心想發大財。他曾經在加拿大因偽造罪而坐過牢，在美國亞特蘭大因走私人口而蹲過監獄。經過美國式發財夢十幾年的薰陶，龐齊發現最快速賺錢的方法就是金融，於是從一九一九年起，龐齊隱瞞了自己的歷史來到了波士頓，設計了一個投資計畫，向美國大眾兜售。

這個投資計畫說起來很簡單，就是投資一種東西，然後獲得高額回報。但是，龐齊故意把這個計畫弄得非常複雜，讓普通人根本搞不清楚。他宣稱，所有的投資，在四十五天之內都可以獲得 15% 的回報。而且，他還給人們「眼見為實」的證據：最初的一批「投資者」的確在規定時間內拿到了龐齊所承諾的回報。於是，後面的「投資者」大量跟進。

在一年左右的時間裡，差不多有四萬名波士頓市民像傻子一樣變成龐齊賺錢計畫的投資者，而且大部分是胸懷發財夢想的窮人，龐齊共收到約一千五百萬美元的小額投資，平均每人「投資」幾百美元。

一九二〇年八月，龐齊破產了。他所收到的錢，按照他的許諾，可以購買幾億張歐洲郵政票據，但事實上，他只買過兩張。此後，「龐齊騙局」成為一個專門名詞，意思是指用後來的「投資者」的錢，給前面的「投資者」以回報。龐齊被判處五年刑期。出獄後，他又做了幾件類似的勾當，因而蹲了更長的監獄。一九三四年被遣送回義大利；他又想辦法去騙墨索里尼，

但沒得逞。一九四九年，龐齊在巴西的一個慈善堂去世。去世時，這個「龐齊騙局」的發明者身無分文。

由於「龐氏騙局」並不高明，但受騙的大都是社會底層民眾，涉及的範圍會比較大。所以要注意防範。而防範，只有靠人們自己的警惕，不要貪心，不要以為天上會掉餡餅，不要相信那些輕易就能賺大錢的鬼話。但是，現代社會在金錢欲望的引導下，越是違背常理的賺錢大話，越是容易使人相信。

所以，所有的投資者在進行投資的時候都要擦亮自己的眼睛，以免被那些「拆東牆補西牆」、「空手套白狼」的「龐氏騙局」騙走了血汗錢。

### 知識連結

融資拼音 (rongzi) 英文 (Financing)。指為支付超過現金的購物款而採取的貨幣交易手段，或為取得資產而集資所採取的貨幣手段。融資通常是指貨幣資金的持有者和需求者之間，直接或間接的進行資金融通的活動。廣義的融資是指資金在持有者之間流動以餘補缺的一種經濟行為這是資金雙向互動的過程包括資金的融入（資金的來源）和融出（資金的運用）。狹義的融資只指資金的融入。

## 11. 衡量貧富差距的吉尼係數

### 新聞回顧

　　收入差距顯然不是一個新話題，今天之所以格外受關注，有其自身的背景。由於房價、教育、醫療等生活成本的居高不下，大大增加了普通公民的生活開支，其生活品質及其預期受到嚴重擠壓的情況下，大家已經明顯的察覺到財富越發向上層集中，而壓力逐層向底層轉移，這種巨大的不公平與不公正逐漸成為最能挑動大眾情感的社會熱點之一。但是嚴肅的研究者們卻紛紛表示難以找到定量的資料佐證收入差距越發明顯的事實，收入差距儼然成為了這樣一個尷尬的偽命題，儘管所有人都意識到導致這個問題的嚴重性。目前判斷收入差距的主要依據是吉尼係數，但吉尼係數計算可能存在一些問題。一些能夠降低收入差距因素在現有的統計體系中沒有充分的反映出來，其中比較重要的是農村人口向都市大規模流動。低收入群體收入的提高，有助於降低城鄉居民收入不平等，但是這個因素的作用在現有的收入統計中很可能被低估。當然，一些擴大收入不平等的因素也難以準確估算。這兩類因素的綜合作用結果到底怎樣？總體的收入不平等是不是明顯加大了？這還需要更可靠的統計資料。

## 話裡話外

吉尼係數 (Gini Coefficient) 是義大利經濟學家吉尼 (Corrado Gini) 於一九二二年提出的，定量測定收入分配差異程度。其經濟含義是：在全部居民收入中，用於進行不平均分配的那部分收入占總收入的百分比。吉尼係數最大為「一」，最小等於「零」。前者表示居民之間的收入分配絕對不平均，即 100% 的收入被一個公司的人全部占有了；而後者則表示居民之間的收入分配絕對平均，即人與人之間收入完全平等，沒有任何差異。但這兩種情況只是在理論上的絕對化形式，在實際生活中一般不會出現。因此，吉尼係數的實際數值只能介於零和一之間。

## 知識連結

吉尼係數，或譯堅尼係數，是二十世紀初義大利經濟學家吉尼，根據勞倫茲曲線所定義的判斷收入分配公平程度的指標。是比例數值，在零和一之間，是國際上用來綜合考察居民內部收入分配差異狀況的一個重要分析指標。

## 12. 衡量富裕程度的恩格爾係數

### 話裡話外

恩格爾係數是根據恩格爾定律而得出的比例數。十九世紀中葉，德國統計學家和經濟學家恩格爾對比利時不同收入的家庭消費情況進行了調查，研究了收入增加對消費需求支出構成的影響，提出了帶有規律性的原理，由此被命名為恩格爾定律。其主要內容是指一個家庭收入越少，用於購買食物的支出在家庭收入中所占的比重就越大。對一個國家而言，一個國家越窮，每個國民的平均支出中，用來購買食物的費用所占比例就越大。恩格爾係數則由食物支出金額在總支出金額中所占的比重來決定。可以看出，在總支出金額不變的條件下，恩格爾係數越大，說明用於食物支出的金額越多；恩格爾係數越小，說明用於食用支出的金額越少，二者成正比。反過來，當食物支出金額不變的條件下，總支出金額與恩格爾係數成反比。因此，恩格爾係數是衡量一個家庭或一個國家富裕程度的主要標準之一。一般來說，在其他條件相同的情況下，恩格爾係數較高，作為家庭來說則表明收入較低，作為國家來說則表明該國較窮。反之，恩格爾係數較低，作為家庭來說則表明收入較高，作為國家來說則表明該國較富裕。

恩格爾定律主要表述的是食品支出占總消費支出的比例隨收入變化而變化的一定趨勢。揭示了居民收入和食品支出之間的相關關係，用食品支出占消費總支出的比例來說明經濟發展、收入增加對生活消費的影響程度。眾所周知，吃是人類生存的第一需要，在收入水準較低時，其在消費支出中必然占有重要地位。隨著收入的增加，在食物需求基本滿足的情況下，消費的重心才會開始向穿、用等其他方面轉移。因此，一個國家或家庭生活越貧困，恩格爾係數就越大；反之，生活越富裕，恩格爾係數就越小。降低恩格爾係數有重要的意義，鑑於此，有專家做出如下建議：

（1）加快經濟發展，增加廣大城鄉居民收入水準，是降低恩格爾係數的最重要手段：恩格爾係數越低，說明居民越富裕。反之加快經濟發展，大幅度增加城鄉居民收入水準直接促進恩格爾係數的下降，城鄉居民收入水準提高了，必然會提高生活消費水準。城鄉居民在保證食品需求的前提下，增加的消費支出必然投入到非食品消費上，可以提高穿著水準，可以改善居住條件，可以購買耐用消費品提高生活品質，可以用在教育學習方面提高自身素養，可以外出旅遊開闊視野、成長見識等。總之非食品消費支出增加越多，恩格爾係數越低。反之，如果城鄉居民收入成長不快，就沒

有額外經濟收入來增加非食品消費支出，則恩格爾係數必然呈緩慢下降趨勢。

(2) 加快食品工程建設，抑制食品物價上升幅度：食品物價上漲，必然帶來食品消費支出的增加，在收入不變的情況下，城鄉居民必然壓縮非食品消費支出，造成恩格爾係數反彈上升。如果食品物價的成長迅猛，必然加重人民的生活負擔，變相降低生活水準，引起人民情緒波動，嚴重時直接影響社會穩定。恩格爾係數也會大幅上升。

(3) 加大宣傳力度，引導合理消費：有人有這樣的生活理念「吃是真功」，有此理念必然講究吃，每天暴飲暴食，食品攝取量過高，增加食品消費支出，提高恩格爾係數；食品攝入量過高，如果又不注重身體鍛鍊，必然帶來身體肥胖，有時帶來疾病隱患，當前有些疾病被稱為「富貴病」，就是因為暴飲暴食營養過剩造成的。所以說，引導居民合理消費很有必要。廣大居民在保證正常食品需要的情況下，形成合理的膳食結構，養成良好的飲食習慣，既經濟實惠，對身體也有益處。同時各級政府和部門嚴格控制公款吃喝現象，一方面節省經費支出，樹立廉政清明形象，另一方面也為廣大人民做一個良好飲食習慣的表率。

### 知識連結

恩格爾係數（Engel's Coefficient）是食品支出總額占個人消費支出總額的比重。十九世紀德國統計學家恩格爾根據統計資料，對消費結構的變化得出一個規律：一個家庭收入越少，家庭收入中（或總支出中）用來購買食物的支出所占的比例就越大，隨著家庭收入的增加，家庭收入中（或總支出中）用來購買食物的支出比例則會下降。推而廣之，一個國家越窮，每個國民的平均收入中（或平均支出中）用於購買食物的支出所占比例就越大，隨著國家的富裕，這個比例呈下降趨勢。

# 第四章　一切向「錢」看—金融貨幣

# 第五章　市場經濟下的
# 「群雄逐鹿」 —— 經營管理

　　高薪資能換來高效率嗎？真的是酒香不怕巷子深嗎？什麼是「拉鋸效應」？最累的，會是最差的？「初始效應」，搶了先機還是失了先機？什麼是海潮效應？

# 1. 廣告，顧名思義，廣而告之

### 話裡話外

廣告，顧名思義，廣而告之，把一條消息推廣開來告訴大家。廣告的本質是傳播，是為了某種特定的需要，透過一定形式的媒體，公開而廣泛的向大眾傳遞資訊的宣傳手段。

廣告有廣義和狹義之分，廣義上的廣告包括非經濟廣告和經濟廣告。非經濟廣告指不以盈利為目的地廣告，如政府行政部門、社會公司乃至個人的各種公告、啟事、聲明等。狹義廣告僅指經濟廣告，又稱商業廣告，是指以盈利為目的地廣告，通常是商品生產者、經營者和消費者之間溝通資訊的重要手段，或企業占領市場、推銷產品、提供勞務的重要形式。我們這裡主要說後者。

當今媒體發達，廣告的發布形式多種多樣，報紙、雜誌、電視、廣播、網路……處處都被廣告覆蓋。人們即使足不出戶，也可以快捷方便的獲得各種各樣的廣告資訊，一旦出戶則是沉浸在一片廣告的汪洋之中。廣告運用各種媒體手段，力求在消費者心目中留下一席之地，這些年來廣告業的蓬勃發展說明了廣告已成為人們生活中不可缺少的一部分。法國一家廣告公司的經理說：一個法國人，一天透過報刊、電影、電視等各

種管道要接受五百到一千個廣告資訊，而一個美國人要接受廣告資訊則在一千五百個以上。

市場上掀起了一輪又一輪廣告大戰，美國可口可樂、百事可樂公司是世紀性的廣告持久戰，不惜任何手段，不惜鉅資豪富，可謂世界廣告之最。手錶界，瑞士、日本、香港則是車輪戰。先入的欲為「主」；後來的欲為「上」；後起的欲為「秀」；共同的武器是廣告。日本的 LED 電視、汽車，瑞典軸承鋼，美國的福特、IBM，荷蘭的飛利浦的廣告，都是名氣之戰，名牌之戰，本質是稱王稱霸之戰。

另外，雖然廣告很俗，但都是原創性的，這個也很關鍵，因為這樣給人深刻的印象。現在我們看到很多模仿廣告形式的廣告，大多沒有成功的可能。廣告只有經過一段時間的投放，才能看見效果。在消費者的心中註冊一個品牌需要時間。我們看到了廣告的很多好處：首先，廣告有助於企業樹立品牌形象。可以突出產品個性，使產品的品牌深入消費者的心中，確立企業的長期優勢。例如：可口可樂在廣告中就以鮮明的紅色吸引消費者的注意，以通俗易記的名字加深消費者的印象，樹立起碳酸飲料的品牌形象。

其次，廣告可以引導消費者的購買行為。透過廣告企業可以把產品的資訊迅速傳遞給大量的受眾，如產品的品牌、性能、用途、使用方法等，幫助消費者認識商品，吸引消費者的

購買興趣，從而引導消費者選擇與購買商品。在現實生活中，一些商品的廣告詞使商品更具吸引力。

再次，對於消費者來說，廣告有助於他們迅速方便的獲得產品資訊。無論從電視上，還是在鬧市中，甚至在網路上，他們都能接觸到大量豐富的商訊，從中對產品進行分析評價，直至選擇到令人滿意的商品。廣告也開闊了消費者的視野，使他們了解到更多新產品。

特別是在技術更新換代加快、產品改良升級迅速的今天，新產品層出不窮，不斷湧現，廣告的需求也變得越來越重要，店家在廣告上的花費卻也隨之而節節攀升，但是你不用替他們擔心。還是那句話，羊毛出在羊身上，廣告花的錢他們都能加倍在消費者身上賺回來。經驗證明，最佳廣告宣傳投入，每投入一元，可新增利潤五元左右。

也許有人會說，如果我們不打廣告，那麼我們產品的價格可以下降 10%，也許這樣我們就能夠打價格戰，贏得比對手更多的競爭優勢。

但事實是廣告已經被張貼得無處不在了，我們使用的面紙包裝也被精明的店家印上了廣告。似乎沒有廣告，企業的銷售就將停滯，因此不得不從消費者的腰包中預支廣告預算。

### 知識連結

所謂廣告效應，是指廣告作品透過廣告媒體傳播之後所產

生的作用。從廣告的性質來看，它是一種投入與產出的過程，最終的目的是為了促進和擴大其產品的銷售，實現企業的盈利和發展。但是它本身就是一個複雜的過程，涉及到許多具體的環節，只有在各個環節之間相互協調，才能確保它的有效性。

## 2. 「劫富濟貧」的馬太效應

### 新聞回顧

二〇一〇年四月二十二日凌晨，權威財經雜誌富比士公布了二〇一〇年世界二十家頂級足球俱樂部價值排行榜。這一排行榜是根據歷史成績、收入、球星身價、固定資產等因素來進行綜合評估的。

在這份最新榜單中，賣掉隊內頭號球星 C 羅被廣為詬病的曼聯以十八億多美元高居第一，而買到 C 羅、卡卡等巨星的皇家馬德里俱樂部總價值為十三億多美元位居次席。在這份二十強榜單中，有七家來自於英格蘭。英超四強曼聯、阿森納、利物浦、切爾西都進入榜單前十；意甲中 AC 米蘭排名第七，尤文圖斯緊隨其後，國際米蘭排名第十。前十中，有四支英超俱樂部、三支意甲俱樂部、二支西甲俱樂部和一支德甲俱樂部。排名第十一至二十位的俱樂部按名次排列分別為：沙爾克、熱刺、里昂、漢堡、羅馬、不來梅、馬賽、多特蒙德、曼城、紐卡斯爾。

### 話裡話外

在《新約‧馬太福音》中有這樣一個故事：

一個國王遠行前，給三個僕人每人一錠銀子，告訴他們：「你們去做生意，等我回來時，再來見我，告訴我你們的收穫。」

　　國王回來時，第一個僕人說：「主人，您給我的一錠銀子，我已經賺了十錠。」國王很高興，獎勵他十座城邑。第二個僕人報告：「主人，您給我的一錠銀子，我賺了五錠。」國王獎賞他五座城邑。第三個僕人說：「主人，您給我的一錠銀子，我一直包著，怕遺失，沒有拿出來過。」結果，國王命令將這個僕人的一錠銀子，賞給第一個僕人，說：「凡是少的，連他有的，都要奪過來。凡是多的，還要給他，叫他多多益善。」

　　「你有，我就給你更多；你越沒有，我就越不給你。」這就是馬太效應。一九六〇年代，著名社會學家羅伯特‧莫頓這樣解釋它：任何個體、群體，一旦在某個方面（如金錢、名譽、地位等）獲得成功和進步，就會產生一種累積優勢，然後有更多的機會，獲得更大的成功和進步。也就是說，強者恆強，弱者恆弱。

　　「馬太效應」真的是無處不在，為什麼窮人更窮、富人更富，「馬太效應」可以作為其中的一個重要解釋。在敏感的足球王國裡，馬太效應更是明顯。

　　二〇〇八年全球金融風暴的衝擊下，很多球隊的日子都不好過，可是曼聯卻成功的度過難關。而曼聯已經簽下十餘份

商業贊助合約，領先於英超和歐洲各大對手，下賽季，曼聯仍將透過十四份商業夥伴的贊助合約，獲得比上賽季多大約兩千三百五十萬英鎊的收入。而曼聯的成功之處就在於精細的管理和品牌的打造。

　　從一件小事中，就能看出曼聯的管理是多麼的精細。現已卸任的前俱樂部財政主管尼克‧胡姆比的故事可以作為最好的例證。在曼聯主場老特拉福德球場擴容的進程中，胡姆比的財務規劃異常精準。一天，有人問胡姆比，老特拉福德擴容工作做得如何了，這位財政主管說「看臺東北角大螢幕錄影重播裝置左側三公尺，現在應該有五個工人」，提問者趕緊到球場察看，情形竟然與胡姆比描述的一模一樣！作為一個俱樂部財務主管，連球場擴容施工的細枝末節都洞若觀火，這便是曼聯最令人敬畏的地方：它不會放棄對任何細節的預判，哪怕這個細節看上去多麼無關緊要。

　　曼聯公共有限公司由曼聯足球俱樂部、曼聯貨品銷售處和曼聯餐飲店三部分構成，作為一個商業矩陣，公司刻意淡化了「足球」二字，而是更強調廣義上的「曼聯」，這樣做的目的無非是增加外延和想像空間，紅魔的利益遠遠不局限於足球場的勝負，而是向足球產業寡頭發展，僅二〇〇四年曼聯營業額就達到一點三億英鎊，利潤額達到兩千兩百萬英鎊。曼聯博物館、曼聯電視臺、曼聯官方網站就像一張無限延伸的大網不漏過任

何可供宣傳的受眾。根據經濟學領域著名的「馬太效應」，資金只湧到能夠賺錢的地方，曼聯健康平穩的資本擴充，讓投資者看到了低風險高回報的商機，曼徹斯特市長可汗先生的比喻相當精彩：「如果有哪個都市擁有曼聯這樣具備頂級經營水準的綠茵豪門，就好比有一架飛機在市民頭頂上撒英鎊一樣！」

毫無疑問，沒有哪一家足球俱樂部能像曼聯那樣激起英國球迷心底最強烈的感情，無論愛與恨，狂喜或失落。更加讓人羨慕的是，曼聯在海外還擁有良好的口碑以及眾多的支持者。僅在亞洲，曼聯就擁有一點九億球迷……

早在二十多年前就有專家指出，資本、金錢和擁躉的無限擴張絕不是曼聯俱樂部追求的單一的、終極的目標，品牌的推出、偶像的建立和足球文化的營造才是曼聯最大的成功之道。提到曼聯的「球星效應」無論如何是無法繞開貝克漢的，這位前曼聯的七號、前英格蘭國家隊隊長以及二〇〇七年英國體育產業獎獲得者，已經作為一種穿越時空隧道的無形資產永遠沉澱在曼聯俱樂部的生命年輪中。

貝克漢作為一個體育文化標誌，他與曼聯俱樂部一樣意義遠超出了足球的範疇，他是最懂得利用自身商業價值的足球巨星，使曼聯征戰期間每一年紅魔七號球衣的銷售量都在五千萬英鎊之上，而皇馬巧取豪奪小貝這塊「金貝貝」也就是為了賺取上億美元的收益。出於同樣的考慮，對籃球、冰球和橄欖球如

痴如醉的美國人，竟然也心甘情願的給貝克漢提供了一份價值二點五億美元的超級合約，因為美國這塊足球處女地需要一名足球場內外都能吸引眼球的超級巨星。

貝克漢到底是體育明星還是娛樂明星一直是媒體熱衷辯論的話題，出色的球技、俊朗的外表和他與辣妹的婚事被英國《世界新聞報》總結為小貝成功的三大要素。然而事實上，真正令貝克漢成為一種「現象」的還是曼聯，沒有曼聯近十年的造星計畫，也就不存在貝克漢的卓然獨立。曼聯是一支永遠追逐時尚、先鋒和青春的俱樂部，從貝斯特的放浪形骸，到「國王」坎通納的桀驁不馴，再到貝克漢標誌性的「圓月彎刀」，無不浸淫著曼聯俱樂部文化前衛創新的血脈。

## 知識連結

馬太效應 (Matthew Effect)，是指好的越好，壞的越壞，多的越多，少的越少的一種現象。一九六八年，美國科學史研究者羅伯特‧莫頓 (Robert K. Merton) 提出這個術語用以概括一種社會心理現象：「相對於那些不知名的研究者，聲名顯赫的科學家通常得到更多的聲望即使他們的成就是相似的，同樣的，在同一個項目上，聲譽通常給予那些已經出名的研究者，例如：一個獎項幾乎總是授予最資深的研究者，即使所有工作都是一個研究生完成的。」

# 3. 高薪資能換來高效率嗎

## 新聞回顧

一家生產電信產品的公司，在創業初期，依靠一批志同道合的朋友，大家不怕苦、不怕累，從早到晚拼命做。公司發展迅速，幾年之後，員工由原來的十幾人發展到幾百人，業務收入由原來的每月十來萬元發展到每月上千萬元。企業大了，人也多了，但公司主管明顯感覺到，大家的工作積極性越來越低，也變得越來越愛計較。

公司為了激起工人工作熱情，提高工作效率，重新制定了薪資制度，大幅度提高了員工的薪資，並且對辦公環境進行了重新裝修。高薪的效果立竿見影，公司很快就聚集了一大批有才華有能力的人。大家熱情高，工作十分賣力，公司的精神面貌也煥然一新。但這種好事不到兩個月，大家又慢慢恢復到懶洋洋、慢吞吞的狀態。

## 話裡話外

該出現的這種情況是一個普遍現象，很多企業都經歷了這樣一個過程，在創業初期，每個人都可以不計報酬，不計得失，甚至加班、廢寢忘食。但是，只要企業一變大，這種艱苦

奮鬥、不計報酬的奉獻精神沒有了，不分上下班的工作幹勁和熱情態度也不見了。為什麼會這樣呢？

首先，就是企業變大了，老闆或忙於企業發展的大事，或忙於社會上各種應酬，與原來創業的老員工在一起的時間少了，感情必然疏遠，心理距離必然拉大，以感情作為激勵手段的作用自然就會逐漸消失。

在創業初期，每個老闆可能對公司員工尤其是一些核心成員有過許多承諾，但當企業真的做大之後，老闆可能沒有兌現這些諾言，因而老員工便產生失望情緒，接下來的自然是消極怠工，或是集體跳槽。

當企業成長到一定規模之後，必須走向制度化的管理，而制度給人的感覺總是冷冰冰的，原來的那種相依為命一起創業的融洽感覺消失殆盡，一切都要按級別來，按公司規定來。制度容不得感情。

公司大了，其管理方式應該改變，激勵方式也應該改變。光講感情是不行了，靠什麼呢？

遺憾的是，我們很多企業把錢作為唯一的激勵手段，在一些老闆的意識裡，花高價錢就能打動人才的心。因此，報上的招聘就會出現這樣的文字：「位子加權力，高薪加福利。你還要什麼？你還等什麼？」言外之意給你高薪水、高福利，你就該滿意了，該知足了。這代表了不少企業的想法。

效率薪資理論認為，如果薪資高於市場均衡水準，企業經營會更有效率。因為在現代企業中，無一不是採取流水線式的一條龍生產。在一條流水線上，工人之間是高度依賴的。只要其中一個工人疏忽、怠工，就會給生產效率、產品品質帶來災難性的影響。。怎樣使工人更加敬業呢？靠嚴格的監視嗎？如果要做「全程」監督，監督成本極其高昂。在這種情況下，提高薪資不失為明智的選擇。然而效率薪資能否降低公司總勞動成本，成為真正意義上的效率薪資，也受到一系列因素的制約。

首先，效率薪資是一種禮物交換行為。在效率薪資理論中，有一個基本假定：企業的效率薪資是用來交換員工加倍工作的，而員工的加倍工作也是用來獲取企業的高薪資。社會關係中的互惠原則是效率薪資起作用的基本條件。

一旦發現偷懶行為立即嚴懲偷懶者，是企業理想的做法。在效率薪資理論中，效率薪資要起激勵、約束作用，必須按照遊戲規則懲罰偷懶者。這是保證效率薪資起作用的重要前提。只有這樣，員工才會努力工作。因此，能否保證凡被發現違紀者一律嚴懲，是效率薪資能否奏效的重要因素。

效率薪資水準的確具有主觀性。員工對企業的認同感如何，員工關係的親密程度以及對外部失業情況和經濟景氣狀況的判斷，都影響效率薪資水準及效率薪資的實際效用。從這一意義上說，企業是否主動支付員工薪資，是否擁有良好的信譽

和名聲，尤其是勞動關係的名聲及企業文化的建設水準，都會影響員工對效率薪資的判斷，進而影響效率薪資的有效性。

美國行為科學家弗雷德里克‧赫茲伯格的二因子論告訴我們，滿足各種需要所引起的激勵深度和效果是不一樣的。物質需求的滿足是必要的，沒有它會導致不滿，但是即使獲得滿足，它的作用往往是很有限的、不能持久的。要調動人的積極性，不僅要注意物質利益和工作條件等外部因素，更重要的是要注意工作的安排，量才錄用，注意對人進行精神鼓勵，給予表揚和認可，注意給人以成長、發展、晉升的機會。

還有一點是必須指出的，就是該公司把薪資提上去了，工作環境和條件也改善了，但沒有把員工的薪資獎金同工作目標相聯繫，同業績掛鉤，也就是說，每個員工在沒有壓力的情況下就能穩穩當當拿到高薪資。既然如此，大家為什麼要賣力做呢？！下面兩個小故事說明了問題。

一座森林公園曾養殖幾百隻梅花鹿，儘管環境幽靜，水草豐美，又沒有天敵，而幾年以後，鹿群非但沒有發展更好，反而病的病，死的死，竟然出現了負成長。經專家分析，主要是由於鹿的生活過於安逸。後來他們買回幾隻狼放置在公園裡，在狼的追趕捕食下，鹿群只能緊張的奔跑以逃命。這樣一來，除了那些老弱病殘者被狼捕食外，其他鹿的體質日益增強，數量也迅速的成長著。

挪威人喜歡吃沙丁魚，尤其愛買鮮活的。漁民們為了避免沙丁魚在運輸途中死去，往往在船艙裡放上幾條鯰魚。鯰魚滑溜無鱗，常愛四處亂鑽亂竄，弄得沙丁魚十分緊張，也只好跟著鯰魚一起游動。這樣，不但避免了沙丁魚因窒息而死亡，而且抵達漁港後還能保持鮮活。人們稱這種現象為「鯰魚效應」。

## 知識連結

鯰魚效應即採取一種手段或措施，刺激一些企業活躍起來投入到市場中積極參與競爭，從而啟動市場中的同行業企業。其實是一種負激勵，是啟動員工隊伍之奧祕。

## 4. 真的是酒香不怕巷子深嗎

### 話裡話外

電影《瘋狂的石頭》裡面，演員黃渤扮演的是一個野心勃勃卻又愚蠢之極的小賊，他的經典語錄之一就是用濃重的方言大喊：「班尼路，牌子！」就是這麼一個喜劇色彩濃重的人物，在落魄之時也不忘記抬出「牌子」兩字來抬高自己的身價，可見「品牌」對大眾生活的影響有多大。那麼，如何用經濟學的思路來解釋「品牌效應」？

其實，「品牌」就是一個名稱、符號或設計，或者是它們的組合，其目的就是把一種商品同另外一種商品區別開來。品牌的英文單字 Brand，源出古挪威文 Brandr，意思是「燒灼」。人們用這種方式來標記家畜等需要與其他人相區別的私有財產。到了中世紀的歐洲，手工藝匠人用這種打烙印的方法在自己的手工藝品上烙下標記，以便顧客識別產品的產地和生產者。這就產生了最初的商標，並以此為消費者提供擔保，同時向生產者提供法律保護。從這個角度看，品牌是一個非常中性的詞彙，這是非常重要的一點。

古時有句話說得好，酒香不怕巷子深，這裡「酒香」指的是一個產品的品質、性能，然而在市場經濟發達的今天，酒香真

的不怕巷子深嗎？事實並非如此。隨著社會經濟的發展，市場上各類產品層出不窮，在現代激烈的商戰中，一個產品的品質再好，性能再佳，價格再怎麼實惠，如果不依靠宣傳根本就沒有出路。自古就有毛遂自薦之說，毛遂不自薦，誰能發現他超凡的才能呢？一個產品，如果不廣而告之，消費者又怎麼能知道它好不好呢？很多時候我們去買東西，看中的往往不是某樣東西，而是某個品牌，如喜歡「NIKE」的消費者，當他需要買鞋的時候，他會直接去 NIKE 專賣店，而不會去其他品牌的店家這就是品牌帶來的效益。

如今，企業越來越注重推銷自己，值得注意的是，相對於單純的廣告片，現在越來越多的企業開始專注於「企業宣傳片」這一塊。因為相對於廣告片「廣而告之」的作用來說，企業宣傳片更注重於「品牌塑造」或「形象塑造」的功能。一部企劃優良的企業宣傳片可在幾分鐘內，向目標觀眾傳遞幾萬文字和幾百張圖片所能表現的企業資訊量，能夠全方位的展現企業精神面貌，更好的詮釋企業的文化理念，從而將企業形象提升到一個新的層次，能夠為企業帶來新的商機。企業形象和品牌的塑造，是一個長期的過程，但是一旦形成，就會帶來巨大的效益。然而，品牌一旦形成，就會成為企業的無形資產，是一棵真正的「搖錢樹」，它帶來的寶藏可以說是「取之不盡、用之不竭」。

　　首先，當消費者認可了這個品牌，對它有了一定的信任度、追隨度，企業就可以為品牌制定相對較高的價格，獲得較高的利潤。如日本家電，其價格一般比同類產品高；NIKE 運動鞋，比同類的運動鞋高出幾千元。我們還可以再看一看著名飲料企業可口可樂的例子：可口可樂公司一九九九年的銷售總額為九十億美元，其利潤為 30% 即為二十七億美元，除去 5% 由資產投資帶來的利潤，其餘二十二億五千萬美元均為品牌為企業帶來的高額利潤，由此可見，名牌給企業帶來了巨大的收益。

　　在傳統的市場競爭中，當消費者形成鮮明的品牌概念後，價格差異就會顯得次要。當給不同品牌賦予特殊的個性時，這種情況就更為明顯。

　　曾有調查顯示，市場領袖品牌的平均利潤率為第二品牌的四倍，而在英國更高達六倍。強勢品牌的高利潤空間尤其在市場不景氣或削價競爭的條件下表現得更明顯。事實上，這種優勢不僅僅得益於通常我們認為的規模經濟，更重要的是來自於消費者對該品牌產品價值的認同，也就是對價格差異的認同。

　　其次，品牌還有助於延長產品在市場上的生命力。一般而言，產品都有一個生命週期，會經歷從進軍市場到被淘汰退出市場的整個過程，包括投入、成長、成熟和衰退四個階段。由於需求的變更和競爭的推動，除了少數產品，絕大多數產品不會長久的被消費者接受。

但是名牌卻不同，它有可能超越生命週期。名牌產品的領導地位可以經久不變，即使其產品已歷經改良和替換。波士頓諮詢集團研究了三十大類產品中的市場領先品牌，發現在一九二九年的三十個領袖品牌中有二十七個在一九八八年依然雄踞市場第一。

一九九四年世界品牌排名第一的是美國的可口可樂，其品牌價值為三百五十九億美元，相當於其銷售額的四倍。到一九九五年可口可樂的品牌價值上升到三百九十億美元，一九九六年又上升為四百三十四億美元，到了二〇〇九年，這數字激增到六百七十三億美元。難怪可口可樂的老闆揚言：「即便拿走可口可樂的所有家當，只要給我這個牌子，幾年內我就可以重整旗鼓。」

現在我們明白了，為什麼店家花費大量的心思來宣傳自己的「品牌」，他們無非是想讓品牌變成「名牌」，爭取到大量穩定的消費者，增加自己的收益。牛皮不是吹的，名牌也不是「唬弄」出來的，品質好、服務優，這是名牌產品的優勢，消費者也從中得到了好處。

可見，知名品牌的魔力是毋庸置疑的。無論是對消費者還是店家，它都有無窮無盡的誘惑力。

## 知識連結

「名牌」一詞的出現先於品牌概念，它是特定環境下的產

物。它通常具備以下要素：

　　（1）在相關大眾中的知曉程度較高；

　　（2）品牌使用持續時間較長；

　　（3）品牌宣傳工作的持續時間較長、程度高、地理範圍廣；

　　（4）已成為註冊商標；

　　（5）曾作為著名商標、馳名商標等受到保護；

　　（6）其他因素。

　　名牌形成後，它就可以利用名牌的知名度、美譽度傳播企業名聲，宣傳地區形象，甚至宣傳國家形象。名牌的宣傳效應在經濟、社會生活中表現較為突出，越是形象佳、美譽度高的品牌、對企業、地區甚至國家的宣傳效果越明顯。這種強勢的宣傳效果會嚴重影響消費者的購買傾向。

# 5. 什麼是「拉鋸效應」

### 新聞回顧

日本有一家企業，在招聘員工時，要進行一場特殊的考試：他們把報考的人帶到一個農場，並隨機將每兩個人分成一組，然後發給每組一把鋸子要求將一根圓木頭鋸成兩段。在鋸圓木頭時，有的組兩個人不能相互配合，快慢不當，費了很長時間才把圓木頭鋸開；有的組兩個人很快就磨合好，能相互配合，用了很短時間就把圓木頭鋸開。結果，這家企業將「能否相互配合很快鋸開圓木頭」作為是否錄用的一個重要指標。依據「拉鋸效應」，企業主管要管理好一所企業，企業主管成員之間、下屬之間以及企業領導者和下屬之間都要注重在各方面相互配合，形成一加一大於二的局面，從而促使企業的教育工作不斷上新臺階。

### 話裡話外

在社會分工更加精細更加需要協調的今天，一個優秀的管理人才要發揮作用，必須善於與下屬相互配合，否則將一事難成。人們將此稱為「拉鋸效應」。

在任何團隊中，壁壘越少，員工間的溝通就越充分。溝通

217

越充分，員工就越有積極性。員工的工作積極性越高，團隊的績效就會越好。

協調溝通的第一條原則就是無論和誰溝通都要有原則，應該本著「大事講原則，小事講風格」，實事求是的風格來進行真誠的溝通。這裡的溝通原則就是能否做到顧大局識大體，是否能夠堅持維護集體的利益，利於大局問題的解決，除此之外多一釘少一鉚的小事就不必過於計較。基於這種原則的指導，實際溝通中就容易形成求大同存小異，就能夠處理好如何即不失原則，也不失靈活。

溝通的第二條原則就是要有一個積極良好的心態看待人，堅持用事實說話，反對捕風捉影式的聯想猜測。要以一個積極良好的心態看待人，不能總是以為誰誰都是混帳，就自己一個人什麼都好，以這種心態來溝通，十有八九是不會有效的，溝通不好還整天滿腹牢騷，滿腹冤屈。用積極良好的心態來溝通，用事實說話，一是一二是二，這是我們是否能夠看清事物，堅持原則的基本前提。否則就只能是感情用事，一好就沒有一點錯，一錯就沒有一點好，這不是實事求是的表現。

在企業中，我們經常遇到的溝通都是因為某事我們持有不同意見，需要坐下來一起探討，在這其中，我認為應該秉行對事不對人溝通原則，同時要學會換位思考，這條原則在談判上表現的尤其明顯。在企業內部，有時候雙方各執一詞，甚至爭

得面紅耳赤，對於這種敢於認真的精神應該肯定，因為只有這種據實爭執才能有利於把事情的原委弄明白。但切記，爭執不等於謾罵，更不等於人身攻擊，如何理性控制情緒，對事不對人原則應該時刻牢記。

　　為了取得正確的一致意見，我認為思想交流溝通的一條好原則就是要學會堅持、學會等、學會捕捉機會，學會在總結反思中的堅持和讓步。真誠用心的去溝通，去表達自己的意見，傾聽別人的意見，冷靜和理智的總結反思彼此的本質訴求和差異，為了爭取核心目標的認同，有時必須學會妥協次要的目標。要敢於一次次激烈碰撞後的冷靜反思，以及反思後再一次次激烈碰撞，要學會有效的溝通衝突處理，對於原則問題的溝通，要有屢敗屢戰的良好心態去堅持。要堅信思想上真正的一致是溝通碰撞後達成的一致，真正的團結是經過鬥爭之後形成的團結。現實中因為每個人的成長及所處的生活環境以及受教育的程度、人生經歷不一樣，這就造成對某些問題的看法讓大多數人很難一下子就統一起來，這時候我們就應該要學會允許等、允許看，要學會透過讓自己行動去創造的事實來證明給自己的觀點，以此來促進溝通對象思想的轉變，允許他們思想轉變經歷一個過程，這個過程相對於不同的人來說可能有的長有的短，我們要有胸懷度量。

　　在溝通的堅持過程中，經常會出現局部衝突，讓溝通的雙

方心理的感受很累，面對溝通衝突問題，事實上我們不怕再溝通，就怕不溝通而採取聽之任之甚至老死不相往來的態度來處理。這裡就需要溝通雙方理性的堅持，選擇再次的溝通。一旦溝通有衝突，下次主動溝通時，必須主管及時找下屬，年長者找年輕者，男同事必須找女同事。同時作為一個上級主管，應該隨時關注自己的下屬和下屬之間有無溝通障礙，一旦發現有衝突或者潛在問題，應該及時主動的去協調解決。

管道暢通，心順氣通，它既反映了一個團隊的作風，又反映了主管群關係。疏通管道，讓一切熱愛團隊的員工參與到團隊的經營管理中，才可使團隊永久保持旺盛的生命力。

### 知識連結

在社會分工更加精細更加需要協調的今天，一個優秀的人才要發揮作用，必須善於與他人相互配合，否則將一事難成。人們將此稱為「拉鋸效應」。

# 6. 你是那隻被煮熟的青蛙嗎

## 話裡話外

　　未雨綢繆是人們常掛在嘴邊的一句話，但真正能做到的卻不多。人類天生有一種惰性，不到迫不得已就不會去改變現行的各種還過得去的做法，當這種做法還能夠讓人得到很大的滿足時尤其如此。但是，如果一個管理者、一個部門、一個部門失去了必要的刺激，處在一種安逸的工作氛圍中而不自覺，那麼，就會失去工作活力。等危機真正到來時，就來不及了。青蛙法則告訴我們的，也正是如此。百事可樂公司作為世界飲料行業的大哥大級人物，可謂春風得意，每年有幾百億美元的營業額，幾十億美元的純利潤。但是，展望公司的未來發展前景，公司的管理者們看到汽水相關業會趨於不景氣，競爭也會更加激烈。為避免被市場打敗的命運，他們認為應該讓自己的員工們相信公司在時刻面臨著危機。但百事公司一路凱歌高奏，讓員工相信危機這回事談何容易？公司總裁韋瑟魯普決定要製造一種危機感。他找到了公司的銷售部經理，重新設定了一項工作方法，將以前的工作任務大大提高，要求員工的銷售額要比上年成長 15%。他向員工們強調，這是經過客觀的市場調查後做出的調整，因為市場調查顯示，不能達到這個成長率

公司的經營就會失敗。這種人為製造出來的危機感馬上化為了百事公司員工的奮鬥動力，使公司永遠都保證處於一種緊張有序的競爭狀態中。正是這些，保證了百事公司能永遠欣欣向榮的走向未來。

在世界著名的大企業中，隨著全球經濟競爭的發展，他們面對的挑戰會越來越激烈。要是沉醉於自己的優勢地位，就可能會遭到淘汰。為改變這種狀況，各國企業都較為重視推行「危機式」生產管理。百事公司只是其中的一例。如果一位經營者不能向他的員工們表明危機確實存在，那麼他很快就會失去信譽，因而公司就會失去效率和效益。美國技術公司總裁威廉・韋斯看到，全世界已變成一個競爭的戰場，全球電訊業正在發生深刻變革，美國技術公司應該在變革中發揮重要作用。因此，他先從公司上層推行「末日管理」計畫，啟用了兩名大膽推行改革的高級管理人員為副董事長，免去了四名傾向於循序漸進改革者的高級職務。在職工中廣泛宣傳由於某些小公司忽視產品品質，成本上升，導致失去客戶的危機。他要讓全體員工知道，如果技術公司不把產品品質、生產成本以及客戶時刻放在突出的位置，公司的末日就會來臨。正是透過這樣的末日管理，才使得美國技術公司永遠走在同行們的前面。美國推銷員協會曾對推銷員的拜訪做過一次長期的追蹤調查，結果發現 48% 的人在第一次拜訪遭到拒絕後退縮了，35% 的人在第

二次遭到拒絕後退縮了，22% 的人在第三次遭到拒絕後也放棄了，15% 的人在第四次受挫後也放棄了，最後只有 10% 的人鍥而不捨，毫不氣餒繼續拜訪下去，直到獲得成功。如果說要對這 10% 的成功者進行分析話，那麼他們不單單只是因為比別人多了幾次拜訪的次數，而是因為他們更具備綜合性的知識和良好的心理素養，這些難得的素養絕對是清醒的頭腦、聰慧的心智、明確的目標、頑強的毅力、笑對挫折的勇氣和秉承「精誠所至，金石為開」的人生態度。

### 知識連結

青蛙法則是指經歷過挫折且能重新站起來勇敢走出困境的人，在面對這個問題時臉上一定會露出淺淺的從容微笑。「逆來順受，耐心面對」是一個名叫奧城良治的日本人在經歷種種挫折最終連續十六年成為日本日產汽車銷售冠軍總結出來的，這就是青蛙法則；它還有另一個含義是：「挫折其實是常態，順利才是例外」。

# 7. 企業切忌「踢貓效應」

### 新聞回顧

一位醫生購買圍巾，讓年輕售貨員轉身拿了幾次商品，售貨員不耐煩的說：「你是來買圍巾還是來欣賞圍巾的？」醫生的購物熱情一下子降到冰點，隨後帶著一肚子怒氣上班，擺著一臉的怒容為病人看病，一位病人拿起她剛開的處方對她說：「醫生，這種藥很難吃，是否能換一種？」女醫生怒氣未消，道：「你是治病還是來品嘗藥味的？」病人啞然。這位病人是銀行職員，坐在收銀櫃檯上越想越氣，她對顧客的臉色、語氣、服務態度可能難以令人滿意。現代社會資訊交流快捷，人際社交頻繁，環境氣氛對人的影響力強，情緒會相互感染，尤其是家庭成員之間情緒很容易互相傳播。

### 話裡話外

人並不是孤立的存在，社會中的每個人都需要面對其他人，領導者在領導一個公司的時候更是如此。如果無緣無故的被人丟了一個包袱過來，當然要想辦法甩掉它，而最直接的辦法，就是把它甩給自己的下屬。而下屬只能再甩給更弱者，這股無名之火只能轉來轉去，最終轉到貓的身上。

在現代社會競爭日趨激烈的生存與發展環境下，到處是誘惑和壓力。作為領導者，成就感和進取心都可能會超過普通人。在這種情況下，如何保持良好的風度，做到「入局而不為局勢所迷」，是非常重要的。風度是什麼？舉止瀟灑，言談風雅，這只是冰山的水上部分；風度的實質是：對己，在壓力下能保持從容的心態，面對突發事件較好的控制情緒；對人，能做到與人為善 —— 真誠，寬容，大度，不斤斤計較，不遷怒於人。那些面對強大對手仍能「羽扇綸巾，談笑間，檣櫓灰飛煙滅」的將帥，那些自己承受著巨大的生存壓力仍能為大眾吶喊「安得廣廈千萬間，大庇天下寒士俱歡顏」的正直之士，雖然身世各異，但那種豁達的風度，同樣令人尊敬。勝人者力，勝己者強。在壓力下能夠保持風度，意味著對自己心理弱點的征服，意味著人格魅力的提升，這首先就是一種成功。

領導者遇到挫折或不順心的事就拿下屬當出氣筒，這樣的領導者即使事業上取得了一定的成績，也難有真正的成功。一個人如果不能與人為善，不能寬以待人，經常向周邊釋放消極的因數，成為心理疾病的一個傳染源，導致所處環境的惡化，怎麼能談得上真正意義的事業成功呢？

情緒是客觀事物作用於人的感官而引起的一種心理體驗，當然也就有好情緒和壞情緒之分。所以造成情緒感染的效果也就有了正面和負面一說。同時就會產生積極的和消極的兩種

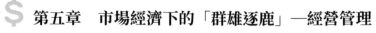
心態。良好的情緒會讓人有一種健康向上的心態，因此也就會
形成一種輕鬆愉悅的氣氛，感染身邊的每一個人也都有一個愉
快的心情。而厭煩、壓抑、憂傷、憤怒的消極情緒則會造成緊
張、煩惱甚至是充滿敵意的氣氛。而這樣的壞情緒又會直接影
響和波及到你的家人，朋友和同事，也極有可能造成一系列的
連鎖反應。就像扔進平靜湖面的小石頭，漣漪一波一波的擴
散，也就將情緒汙染傳播給了社會。

　　碰到問題，在我們大腦裡閃現的第一個念頭，就是我們對
這件事情的一個情緒反應。這一閃念往往都會比較衝動，也最
容易造成誤會的產生。就在我們的情緒處於失控邊緣時，只要
我們稍微讓自己冷靜一下，不要在自己情緒激動時做出決定，
並用「儘管……但是……」來開導自己。在處理事情之前，切記
要先處理心情。因為只有擁有一個好的心態，才能防止我們情
緒化的，讓自己有一些不理智的行為。人是一種很容易接受心
理暗示的動物，那不防透過心理暗示告訴自己，在遇到事的時
候一定要冷靜。而就在這轉念一想的同時，也許就會設身處地
的站在對方的角度，並會為對方尋找一個可能的理由，及時的
和對方做一個換位思考，這時也就會有一個理性的判斷。對不
良情緒就適時的做了一個很好的疏導和化解，同時也就避免了
很多不愉快的事情發生。

　　有一位哲人曾經說過：「心若改變，你的態度跟著改變；態

度改變，你的習慣跟著改變；習慣改變，你的性格跟著改變；性格改變，你的人生跟著改變。」

人生猶如跌宕起伏的海洋，我們人就是那航海的船，而情緒無疑就是那船上的帆。只有我們適時的來調整帆的方向，也就是學會控制自己，才能避免有可能發生的「船毀人亡」，阻止甚至可能由此帶來一系列不良因果鏈的產生。

## 知識連結

踢貓效應：不對下屬發洩自己的不滿，避免洩憤連鎖反應。人的不滿情緒和糟糕心情，一般會沿著等級和強弱組成的社會關係鏈依次傳遞，由金字塔尖一直擴散到最底層，無處發洩的最小的那一個元素，則成為最終的受害者。一般而言，人的情緒會受到環境以及一些偶然因素的影響，當一個人的情緒變壞時，潛意識會驅使他選擇下屬或無法還擊的弱者發洩。這樣就會形成一條清晰的憤怒傳遞鏈，最終的承受者，即「貓」，是最弱小的群體，也是受氣最多的群體，因為也許會有多個管道的怒氣傳遞到他這裡來。

## 8. 最累的，會是最差的

### 話裡話外

在現實生活中，我們會發現有不少管理者常常忙得焦頭爛額，恨不得一天有四十八小時可用；或者常常覺得需要員工的幫忙，但是又怕他們做不好，以致最後事情都往自己身上攬。雖然一個稱職的管理者最好是一個「萬事通」，但一個能力很強的人並不一定能管理好一家企業。管理的真諦不是要管理者自己來做事，而是要管理者管理別人做事。

有些管理者把困難工作留給自己去做，是因為他們認為別人勝任不了這種工作，覺得自己親自去做更有把握。即使是如此，管理者要做的也不是自己親自處理困難的工作，而是去發現能幹的人去做這些事。而要做到這一點，一方面是給下屬成長的機會，增強他們的做事能力，另一方面是要懂得授權。

企業的發展壯大不能光靠一個或幾個管理者，必須依靠廣大員工的積極努力，借助他們的才能和智慧，群策群力才能逐步把企業推向前進。再能幹的主管，也要借助他人的智慧和能力，這是一個企業發展的最佳道路。美國著名管理學家哈默為我們提供了這樣一個實例：

在紐約，哈默有一個客戶：當他在自己的辦公室時，除了

要與客戶電話聯絡外，還要處理公司大大小小的事情，桌子上的公文一大堆等他去處理，每天都忙得不可開交。

　　每次到加州出差，哈默都要約他早上六點三十分見面，他必然會提前三個小時起床，處理公司轉來的傳真，做完後，再將傳真回送給他的公司。哈默曾與他談論，覺得他做得太多，而他的員工只做簡單的工作，甚至不必動腦筋去思考、去回答他的客戶，也不必負擔任何的責任與風險。像他這種做法，好的人才不可能留下奉陪到底。

　　而這位客戶說，員工沒有辦法做得像他一樣好，對此，哈默向他說明兩點：

　　「第一，如果你的員工像你這麼聰明，做得和你一樣好的話，那他就不必當你的員工，早就當老闆了。第二，你從不給他機會去嘗試，怎麼知道他做得不好呢？」

　　他進而又說，身為領導者，就必須明白：請別人為你做事，你才可能從他們中發現有才能的人。給他們機會，為你完成更多的工作，也可以說是訓練他們承擔額外的工作。

　　所以，作為管理者，不可能什麼事都自己做，必須有心栽培值得你信賴的有潛力的員工，耐心的教導他們。剛開始的學習階段，難免發生錯誤，致使公司蒙受損失，但只要不是太大，不會動搖公司的根本，就把它當做訓練費用。你一定要脫身去處理首要的事情，因為它可能關乎整個企業的前途。適時

放手讓你身邊的人承擔責任，並考核他們的表現。當他們妥善的完成工作時，就要讓他們知道自己做得不錯。

在哈默的勸說下，這位客戶改變了自己的工作方法，學會了放權讓有能力的員工去處理事情，最終他的公司取得了相當不錯的業績。

企業的發展壯大不能光靠一個或幾個管理者，必須依靠廣大員工的積極努力，借助他們的才能和智慧，群策群力才能逐步把企業推向前進。再能幹的主管，也要借助他人的智慧和能力，這是一個企業發展的最佳道路。

### 知識連結

古狄遜定理：一個累壞了的管理者，是一個最差勁的管理者。提出者是英國證券交易所前主管 N・古狄遜。

# 9. 不要所有問題都自己扛

## 新聞回顧

有一回,日本歌舞伎大師勘彌扮演古代一位徒步旅行的百姓,他要上場之前故意解開自己的鞋帶,試圖表現這個百姓長途旅行的疲態。而他的學生看到後告訴他,鞋帶鬆開了,大師讚許後繫上了鞋帶,而在學生離開後,他又解開了。正巧那天有位記者到後臺採訪,看見了這一幕。等演完戲後,記者問勘彌:「你為什麼不當時指教學生呢,他們並沒有鬆散自己的鞋帶呀。」勘彌回答說:「要教導學生演戲的技能,機會多的是,在今天的場合,最重要的是要讓他們保持熱情。」

## 話裡話外

有這樣一個故事,一個美國商人叫佩提,這一天他接到通知要搭飛機從斯德哥爾摩到巴黎參加地區會議。我們知道阿蘭達機場是斯德哥爾摩也就是瑞典的國際機場,阿蘭達機場距離斯德哥爾摩市七十公里,當佩提先生到達機場後,一摸口袋,臉變了顏色,發現沒帶飛機票。那我們知道世界上各個國家的航空公司規定都是一樣的,沒有機票是不能夠辦理登機手續的。正在這個時候 SAS 公司的一位小姐走來說「May I help you?」，佩提顯得很不耐煩說你幫不了，可是小姐還是笑眯眯的說，您說出來或許我能幫助你。佩提說我沒帶飛機票，沒想到小姐說：「您沒帶飛機票呀，這事很好辦，您先告訴我機票在哪？」他說在○○飯店 411 號房間，小姐給了他一張紙條，讓他拿著先去辦登機手續，剩下的事情由她來處理。佩提先生到了登機的地方很順利就辦好了，拿到了登機卡，過了安檢，到了候機廳。當飛機還有十分鐘就要起飛的時候，剛才那位小姐把他的機票交給了他，佩提先生一看果然是自己掉在飯店的機票。那麼小姐是怎麼把機票拿到的呢？她撥了飯店的電話後是這樣說的：「請問是○○飯店吧，請你們到 411 號房間看看是否有一張寫著佩提先生名字的飛機票？如果有的話，請你們用最快的速度用專車送往阿蘭達機場，一切費用由 SAS 公司支付。」是什麼力量使她這樣做呢？就是「倒金字塔」管理法，因為他把權力充分的賦予了工作人員。

　　德國人艾森‧候波從柏林到法蘭克福轉機，又搭 SAS 公司的飛機趕到斯德哥爾摩辦事情。在機場他找到了值班經理，怒氣衝衝的說：「SAS 公司不好，你們看把我的皮箱摔成這樣！」經理看到皮箱上是有一個新的破口，再仔細看以後，他笑著對德國人說：「先生，實在對不起。這樣吧，您能不能等我幾分鐘？」十分鐘後，經理拿來一個基本和客人的一樣的皮箱，對他說，這個皮箱就作為 SAS 公司送給您的一件禮物吧，請收下。

德國客人想了想，拿著箱子走了。這個德國人晚上翻來覆去的想，心裡很不好受。第二天帶著新皮箱找到那位經理說，我很不好意思……經理趕忙說：「您別說了，我都知道，我已經說了，就作為一件禮物您收下。」德國人很驚奇，你怎麼知道呢？機場的經理笑了笑說：「您昨天拿的皮箱的裂痕確實是新摔的，但是不是我們公司摔的。因為皮箱在上飛機之前我們都是要檢驗的，如果皮箱已經有裂痕或者破損的情況，旁邊要貼有標記。而我在您的皮箱上看了這個標記。」德國客人臉紅的說，我的皮箱是在法蘭克福摔壞的，找他們，他們不承認。到阿蘭達機場本來想跟你們發泄脾氣，但沒想到你們會這樣處理。我回去之後都要鼓勵親友坐 SAS 公司的飛機。

　　這也是「倒金字塔」管理法在起作用，在 SAS 公司處處都能感到員工們那種自信、自豪的感覺，他們有著非常明確的奮鬥目標，而且總裁卡爾森帶帶他們想這個目標進發。事必躬親，是對員工智慧的扼殺，往往事與願違。長此以往，員工容易形成惰性，責任心大大降低，把責任全推給管理者。情況嚴重者，會導致員工產生膩煩心理，即便工做出現錯誤也不情願向管理者提出。何況人無完人，個人的智慧畢竟是有限而且片面的。為員工畫好藍圖，給員工留下空間，發揮他們的智慧，他們會畫得更好。多讓員工參與公司的決策事務，是對他們的肯定，也是滿足員工自我價值實現的精神需要。賦予員工更多

的責任和權利，他們會取得讓你意想不到的成績。

### 知識連結

「倒金字塔」管理法的總的含義是「給予一些人以承擔責任的自由，可以釋放出隱藏在他們體內的能量。」那麼這種管理方法出現了什麼效果呢？SAS 公司採用這種方法三個月之後，公司的風氣就開始轉變，他開始讓員工感覺到，我是現場決策者，我可以對我分內負責的事情做出決定，有些決定可以不必報告上司。把權力、責任同時下放到員工身上，而卡爾森作為政策的監督者，他負責對整體進行觀察、監督、推進。倒金字塔管理法 (Pyramid Upside Down) 最早由瑞典的北歐航空公司 (SAS) 總裁楊．卡爾森提出。「倒金字塔管理法」能激發員工的工作熱情。員工一旦受到信任與重視，就會為企業發展提出好的建議，就會使自己甚至使整個企業的工作效率大大提高。

# 10.「初始效應」，搶了先機還是失了先機

## 新聞回顧

一個新聞系的畢業生正急於尋找工作。一天，他到某報社對總編說：「你們需要一個編輯嗎？」「不需要！」「那麼記者呢？」「不需要！」「那麼排字工人、校對呢？」「不，我們現在什麼空缺也沒有了。」「那麼，你們一定需要這個東西。」說著他從公事包中拿出一塊精緻的小牌子，上面寫著「額滿，暫不僱用」。總編看了看牌子，微笑著點了點頭，說：「如果你願意，可以到我們廣告部工作。」這個大學生透過自己製作的牌子表達了自己的機智和樂觀，給總編留下了美好的「第一印象」，引起其極大的興趣，從而為自己贏得了一份滿意的工作。這種「第一印象」的微妙作用，在心理學上稱為初始效應。

## 話裡話外

在社會認知中，個體獲得對方第一印象的認知線索往往成為以後認知與評價的重要根據。初始效應的影響作用可以基本上得到控制。初始效應的產生與個體的社會經歷、社交經驗的豐富程度有關。如果個體的社會經歷豐富、社會閱歷深厚、社會知識充實，則會將初始效應的作用控制在最低限度；另外，

透過學習，在理智的層面上認識初始效應，明確初始效應獲得的評價，一般都只是在依據對象的一些表面的非本質的特徵基礎上而做出的評價，這種評價應當在以後的進一步交往認知中不斷的予以修正完善，也就是說，第一印象並不是無法改變，也不是難以改變的。

初始效應是指最初接觸到的資訊所形成的印象對我們以後的行為活動和評價的影響，實際上指的就是「第一印象」的影響。第一印象效應是一個婦孺皆知的道理，為官者總是很注意燒好上任之初的「三把火」，平民百姓也深知「下馬威」的妙用，每個人都力圖給別人留下良好的「第一印象」……心理學家認為，由於第一印象主要是性別、年齡、衣著、姿勢、臉部表情等「外部特徵」。一般情況下，一個人的體態、姿勢、談吐、衣著打扮等都基本上反映出這個人的內在素養和其他個性特徵，不管暴發戶怎麼刻意修飾自己，舉手投足之間都不可能有世家子弟的優雅，總會在不經意中「露出馬腳」，因為文化的浸染裝不出來的。

但是，「路遙知馬力，日久見人心」，僅憑第一印象就妄加判斷，「以貌取人」，往往會帶來不可彌補的錯誤！《三國演義》中鳳雛龐統當初準備效力東吳，於是去面見孫權。孫權見到龐統相貌醜陋，心中先有幾分不喜，又見他傲慢不羈，更覺不快。最後，這位廣招人才的孫仲謀竟把與諸葛亮比肩齊名的

奇才龐統拒於門外，儘管魯肅苦言相勸，也無濟於事。眾所周知，禮節、相貌與才華決無必然聯繫，但是禮賢下士的孫權尚不能避免這種偏見，可見第一印象的影響之大！初始效應職場上到處可見：「新官上任三把火」、「早來晚走」、「惡人先告狀」、「先發制人」、「下馬威」⋯⋯等，都是想利用初始效應占得先機。

初始效應完全可以解釋這樣一種職場怪現象：有的人吃了相貌的虧，有的人卻占了相貌的便宜。這也是韓國大學生求職前紛紛整容的原因之一。相貌不佳者，其實根本不需要整容。一是去謀求不計較相貌的職業；二是學點心理學，任何事情都搶個先，占盡初始效應帶來的職場先機。

### 知識連結

初始效應，是人與人第一次交往中給人留下的印象，在對方的頭腦中形成並占據著主導地位的效應。初始效應也叫首次效應、優先效應或第一印象效應。它是指當人們第一次與某物或某人相接觸時會留下深刻印象，個體在社會認知過程中，透過「第一印象」最先輸入的資訊對客體以後的認知產生的影響作用。第一印象作用最強，持續的時間也長，比以後得到的資訊對於事物整個印象產生的作用更強。首因，是指首次認知客體而在腦中留下的第一印象。初始效應，是指個體在社會認知過程中，透過「第一印象」最先輸入的資訊對客體以後的認知產生的影響作用。

# 11. 什麼是海潮效應

## 話裡話外

作為一個組織，必須透過調節對人才的待遇，以達到人才的合理配置，從而加大本公司對人才的吸引力，同時加大對人才的宣傳力度，形成尊重知識、尊重人才的組織文化，吸引外來人才加入。現在很多知名企業都提出這樣的人力資源管理理念：以待遇吸引人，以感情凝聚人，以事業激勵人。隨著資訊流動量加大和逐步建立社會化的健全的人才市場，人才流動靠行政手段是行不通的，而且資方往往會陷入法律糾紛。因此，必須要建立靠薪資來配置企業人力資源的激勵機制，特別是要考慮對人才的激勵力度，形成「海潮效應」。

激勵機制運用的好壞基本上是決定企業興衰的一個重要因素。在人力資源管理中，如何設計激勵模式是重大的課題。隨著資訊流動量加大和逐步建立社會化的健全的人才市場，人才流動靠行政手段是行不通的，而且資方往往會陷入法律糾紛。因此，必須要建立靠薪資來配置企業人力資源的激勵機制，特別是要考慮對人才的激勵力度，形成「海潮效應」。激勵機制的助長作用是一定的激勵機制對員工的某種符合組織期望的行為具有反覆強化、不斷增強的作用，在這樣的激勵機制作用下，

組織不斷發展壯大，不斷成長。我們稱這樣的激勵機制為良好的激勵機制。當然，在良好的激勵機制之中，肯定有負強化和懲罰措施對員工的不符合組織期望的行為起約束作用。激勵機制對員工行為的助長作用給管理者的啟示是：管理者應能找對員工的真正需要，並將滿足員工需要的措施與組織目標的實現有效的結合起來。目前，許多企業活力不足，管理不善，經營陷入困境，資產負債率居高不下，造成了整個企業的內部效率低下。事實證明，這些企業活力不足的主要癥結在於不能形成有效的激勵機制來激發生產者和管理者的積極性，致使單個勞動者勞動效率和工作努力程度普遍不高，甚至導致企業優秀人才跳槽，人才流失嚴重，降低了企業的核心競爭力。而那些國際知名的大集團，或是具有競爭優勢的企業，其成功的一個必要條件就是具有合理完善的人才激勵機制，從而吸引、留住了大批人才。

現在我們應該注意到，當代企業的競爭正在由「資本主義」向「人本主義」和「知本主義」演變，而競爭的實質歸納到一點就是人才的競爭，「得人才者得天下」。一個企業只有在人才上占盡優勢，才能在激烈的市場搏殺中無往而不勝。人才的優勢就是企業的優勢，企業應該在引才、用才、留才及育才方面不斷的進行激勵，調動員工的積極性和創造性，才能保持企業的競爭之樹常青。如何做好企業的激勵機制建設，對管理者來

說，既是一門高深的理論，更是一門領導藝術，是一個永無止境的值得探究的課題。在今後的工作中，應該根據不斷變化發展的人力資源的情況和本企業的具體實際，把先進的管理理論與管理實踐有機結合，最大限度的提高員工的積極性和工作績效，為實現企業的經營目標而努力！

### 知識連結

海潮效應，是海水因天體的重力而湧起海潮，重力大則出現大潮，重力小則出現小潮，重力過弱則無潮的現象。人才與社會時代的關係也是這樣。社會需要人才，時代呼喚人才，人才便應運而生。依據這一效應，作為國家，要加大對人才的宣傳力度，形成尊重知識、尊重人才的良好風氣。對於一個公司來說，重要的是要透過調節對人才的待遇，以達到人才的合理配置，從而加大本公司對人才的吸引力。現在很多知名企業都提出這樣的人力資源管理理念：以待遇吸引人，以感情凝聚人，以事業激勵人。

# 12.「從眾心理」要不得

## 話裡話外

羊群效應最早是股票投資中的一個術語，主要是指投資者在交易過程中存在學習與模仿現象，「有樣學樣」，盲目效仿別人，從而導致他們在某段時期內買賣相同的股票。在一群羊前面橫放一根木棍，第一隻羊跳了過去，第二隻、第三隻也會跟著跳過去；這時，把那根棍子撤走，後面的羊，走到這裡，仍然像前面的羊一樣，向上跳一下，儘管攔路的棍子已經不在了，這就是所謂的「羊群效應」也稱「從眾心理」。是指管理學上一些企業的市場行為的一種常見現象。它是指由於對資訊不充分的和缺乏了解，投資者很難對市場未來的不確定性做出合理的預期，往往是透過觀察周圍人群的行為而提取資訊，在這種資訊的不斷傳遞中，許多人的資訊將大致相同且彼此強化，從而產生的從眾行為。「羊群效應」是由個人理性行為導致的集體的非理性行為的一種非線性機制。在競爭激烈的「興旺」的行業，很容易產生「羊群效應」，看到一個公司做什麼生意賺錢了，所有的企業都蜂擁而至，直到該行業供應大大成長，生產能力飽和，供需關係失調。大家都熱衷於模仿領頭羊的一舉一動，有時難免缺乏長遠的策略眼光。

對於我們這些職場裡的人而言，往往也可能出現「羊群效應」。做 IT 賺錢，大家都想去做 IT；做管理諮詢賺錢，大家都一窩蜂擁上去；在外商工作，成為一個嘴裡常蹦出英語單字的小白領，看上去挺風光，於是大家都去學英語；現在做公務員很穩定，收入也不錯，大學畢業生都去考公務員……

　　我們不是羊，我們要用自己的腦子去思考，去衡量自己。

　　我們應該去尋找真正屬於自己的工作，而不是所謂的「熱門」工作，都說「男怕入錯行，女怕嫁錯郎」，「熱門」的職業不一定屬於我們，如果個性與工作不合，努力反而會導致更快的失敗。我們還要留心自己所選擇的行業和公司中所存在的潛藏危機，任何行業和企業都不可能是「避風港」，風險永遠是存在的，必須大膽而明智的洞察。在有了這點危機意識之後，自然就要預備好對策，當危機真正到來時該怎麼辦？在《誰搬走了我的乳酪？》中，坐吃山空的小老鼠最終沒有乳酪可吃，而有危機意識、到處尋找新的乳酪的小老鼠，卻在舊的乳酪吃光之前，就尋找到了新的生機。

### 知識連結

　　羊群效應是指人們經常受到多數人影響，而跟從大眾的思想或行為，也被稱為「從眾效應」。人們會追隨大眾所同意的，自己並不會思考事件的意義。羊群效應是訴諸群眾謬誤的基礎。經濟學裡經常用「羊群效應」來描述經濟個體的從眾跟風心

理。羊群是一種很散亂的組織,平時在一起也是盲目的左衝右撞,但一旦有一隻頭羊動起來,其他的羊也會不假思索的一哄而上,全然不顧前面可能有狼或者不遠處有更好的草。因此,「羊群效應」就是比喻人都有一種從眾心理,從眾心理很容易導致盲從,而盲從往往會陷入騙局或遭到失敗。

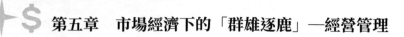

第五章　市場經濟下的「群雄逐鹿」─經營管理

# 第六章 一隻「無形的手」——
## 宏觀調控

　　房價真的會「越調越高」嗎？財政補貼是好事還是壞事？什麼是財政赤字？經濟應該如何成長？糧食價格需要調空嗎？什麼是印花稅？何為貿易順差？當錢不值錢了該怎麼辦？

# 1. 房價真的會「越調越高」嗎

## 話裡話外

大學金融研究中心鐘主任指出，土地價格過高，嚴重透支未來的房地產價格。未來三年內，房價必須保持 15% 至 18% 的成長率，才有可能支撐目前的地價。土地出讓價格過高，尤其是地方政府在土地出讓中的「推手」角色曾備受社會詬病，而地價上漲不僅直接推動了房價的持續上漲，更讓整個房地產市場趨於泡沫化。

在房地產宏觀調控這一問題上，中央和地方政府統一思想、各司其職，充分認識到房地產宏觀調控的艱巨性和長期性，既著眼於房地產市場本身的調節，又從整體形勢出發，從根本上改善房地產市場發展的總體環境和個體基礎，並在這一過程中不斷完善房地產宏觀調控的政策措施，最終建立系統、長期的宏觀調控體系，指導房地產市場的長期健康發展。為了房地產市場的健康穩定，政策限制投資投機構房需求，支持自住需求，調控住房的消費結構，加大住房保障力度，透過這些政策手段，房地產市場有望實現「婉轉」，更加注重「量」的成長，而非「價」的非理性上漲；更加注重解決中低收入家庭和「夾心層」的住房困難，而非豪宅市場的非理性繁榮；更加促進房地

產業的健康穩定,而非成為各路資金規避風險的投資投機工具。

眼下,仍有幾個方面的問題亟待解決:第一,加大房地產市場訊息供應,增加房地產業透明度,防止少數房地產開發商混水摸魚。現在房地產市場訊息供應極不充分,房地產購買人資訊披露不完整,大眾很難監督房地產市場的違法行為。盡快修改、落實有關房地產資訊披露制度,禁止房地產開發商和仲介機構利用資訊的不對稱,從事房地產投機倒買倒賣活動。第二,必須加強對金融機構的管理,防止金融機構為了追求經營業績而規避國家的房地產宏觀調控政策。譬如:一些中小銀行透過帳外借款的方式,為房地產投機者提供貸款。還有一些中小銀行的信貸員直接參與炒買炒賣商品房。如果這種局面持續下去,那麼,房地產信貸政策將會有名無實,房地產業將可能引發大規模的金融危機。

### 知識連結

房地產宏觀調控:指國家運用經濟、法律和行政等手段,從總體上對房地產業進行指導、監督、調節和控制,促進房地產市場總供給與總需求、供給結構與需求結構的平衡與整體最佳化,實現房地產業與國民經濟協調發展的管理活動。

## 2. 財政補貼是好事還是壞事

### 話裡話外

它是國家財政透過對分配的干預，調節國民經濟和社會生活的一種手段，目的是為了支援生產發展，調節供需關係，穩定市場物價，維護生產經營者或消費者的利益。財政補貼在一定時期內適當運用有益於協調政治、經濟和社會中出現的利益矛盾，達到穩定物價、保護生產經營者和消費者的利益、維護社會安定，促進有計畫商品經濟發展的積極作用。但是，價格補貼範圍過廣，項目過多，也會帶來弊端。它使價格關係扭曲，掩蓋各類商品之間的真實比價關係；加劇財政困難，削弱國家的宏觀調控能力；給以按勞分配為原則的薪資制度改革帶來不利影響；不利於控制消費，減少浪費，提高經濟效益。

財政補貼是一種轉移性支出。從政府角度看，支付是無償的；從領取補貼者角度看，意味著實際收入的增加，經濟狀況較之前有所改善。財政補貼縱欲相對價格的變動聯繫在一起，它具有改變資源配置結構、供給結構、需求結構的影響。我們可以把財政補貼定義為一種影響相對價格結構，從而可以改變資源配置結構、供給結構和需求結構的政府無償支出。國家為了實現特定的政治經濟目標，由財政安排專項基金向國有企業

或勞動者個人提供的一種資助。現行的財政補貼主要包括價格補貼、企業虧損補貼等。補貼的對象是國有企業和居民等。補貼的範圍涉及到工業、農業、商業、交通運輸業、建築業、外貿等國民經濟各部門和生產、流通、消費各環節及居民生活各方面。

　　從補貼的主體劃分，財政補貼分為中央財政補貼和地方財政補貼。中央財政補貼列入中央財政預算。中央財政負責對中央所屬國有企業由於政策原因發生的虧損予以補貼，同時對一部分主要農副產品和工業品的銷售價格低於購價或成本價的部分予以補貼。地方財政補貼列入地方財政預算。地方財政負責對地方所屬的國有企業由於政策原因而發生的虧損予以補貼，也對一部分農副產品銷售價格低於購價的部分予以補貼。財政補貼是在特定的條件下，為了發展社會主義經濟和保障勞動者的福利而採取的一項財政措施。它具有雙重作用：一方面，財政補貼是國家調節國民經濟和社會生活的重要槓桿。運用財政補貼特別是價格補貼，能夠保持市場銷售價格的基本穩定；保證城鄉居民的基本生活水準；有利於合理分配國民收入；有利於合理利用和開發資源。另一方面，補貼範圍過廣，項目過多也會扭曲比價關係，削弱價格作為經濟槓桿的作用，妨礙正確核算成本和效益，掩蓋企業的經營性虧損，不利於促使企業改善經營管理；如果補貼數額過大，超越國家財力所能，就會

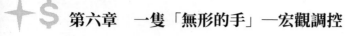

成為國家財政的沉重負擔，影響經濟建設規模，阻滯經濟發展速度。

### 知識連結

財政補貼是指國家財政為了實現特定的政治經濟和社會目標，向企業或個人提供的一種補償。主要是在一定時期內對生產或經營某些銷售價格低於成本的企業，或因提高商品銷售價格而給予企業和消費者的經濟補償。

# 3. 什麼是財政赤字

## 新聞回顧

二〇一〇年七月，國際貨幣基金組織 (IMF) 發布對美國經濟政策的年度審查，結論中對於美國財政政策，四平八穩的寫道：「董事們樂見主管機關承諾致力於財政穩定，但留意必須有大於預算調整，以穩定債務與 GDP 比率。」進一步探究會發現，IMF 實際已宣告美破產。這份精選議題報告 (Selected Issues Paper) 中指出，「就合理貼現率而言，與今聯邦財政政策相關的美財政赤字很龐大。」並表示「欲縮小財政赤字，需要長久進行相當於美國 GDP 約 14% 年度財政調整。」

## 話裡話外

美國加州是全美最富裕的州，如果視它為一個獨立經濟體，每年的 GDP 可以排名全球第八，僅次於美國、日本、德國、英國、法國與義大利。但是由於財政赤字龐大，加州很有可能破產。

為了彌補未來會出現的兩百四十億美元的龐大預算赤字，動作演員出身的州長阿諾・史瓦辛格一方面動用州長權力，強制裁員、放無薪假，同時減少社會福利、關閉兩百二十處州立

公園，甚至準備出售舉行過兩屆奧運會的洛杉磯紀念運動場和聖昆丁州立監獄應急。

　　理論上說，財政收支平衡是財政的最佳情況，在現實中就是財政收支相抵或略有節餘。但是，在現實中，國家經常需要大量的財富解決大批的問題，會出現入不敷出的局面。這是現在財政赤字不可避免的一個原因。不過，這也反映出財政赤字的一定作用，即在一定限度內，可以刺激經濟成長。當居民消費不足的情況下，政府通常的做法就是加大政府投資，以拉動經濟的成長，但是這絕不是長久之計。

　　了解會計常識的人知道，這種差額在進行會計處理時，需用紅字書寫，這也正是「赤字」的由來。赤字的出現有兩種情況，一是有意安排，被稱為「赤字財政」或「赤字預算」，它屬於財政政策的一種；另一種情況，即預算並沒有設計赤字，但執行到最後卻出現了赤字，也就是「財政赤字」或「預算赤字」。一國之所以會出現財政赤字，有許多原因。有的是為了刺激經濟發展而降低稅率或增加政府支出，有的則因政府管理不當，引起大量的逃稅或過度浪費。當一個國家財政赤字累積過高時，就好像一間公司背負的債務過多一樣，對國家的長期經濟發展而言，並不是一件好事，對於該國貨幣亦屬長期的利空，且日後為了要解決財政赤字只有靠減少政府支出或增加稅收，這兩項措施，對於經濟或社會的穩定都有不良的影響。一國財

政赤字若加大，該國貨幣會下跌，反之，若財政赤字縮小，表示該國經濟良好，該國貨幣會上揚。財政赤字的大小對於判斷財政政策的方向和力度是至關重要的。財政政策是重要的總體經濟政策之一，而財政赤字則是衡量財政政策狀況的重要指標。因此，正確衡量財政赤字對於制定財政政策具有十分重要的意義。非常遺憾的是，對於如何正確衡量財政赤字，經濟學家並沒有達成共識。一些經濟學家認為，目前通常意義上的財政赤字並不是財政政策狀況的一個好指標。這就是說，他們認為按照目前公認的方法衡量的財政赤字既不能準確的衡量財政政策對目前經濟的影響，又不能準確的衡量給後代納稅人造成的負擔。

彌補財政赤字的方法包括動用歷年結餘、增加稅收、增發貨幣和發行公債。由於稅收法律的規定性，決定了不管採用哪一種方法增加稅收，都必須經過一系列的法律程序，這使增加稅收的時間成本增大，難解政府的燃眉之急。增發貨幣是彌補財政赤字的一個方法，至今許多發展中國家仍採用這種方法。但是從長期來看，通貨膨脹在基本上取決於貨幣的成長速度，過量的貨幣發行必定會引起通貨膨脹，將帶來惡性後果。因此，用增發貨幣來彌補財政赤字只是權宜之計。透過發行公債來彌補財政赤字則是世界各國通行的做法。

### 知識連結

　　財政赤字是財政支出大於財政收入而形成的差額，由於會計核算中用紅文書處理，所以稱為財政赤字。它反映著一國政府的收支狀況。財政赤字是財政收支未能實現平衡的一種表現，是一種世界性的財政現象。財政赤字即預算赤字，指一國政府在每一財政年度開始之初，在編制預算時在收支安排上就有的赤字。若實際執行結果收入大於支出，為財政盈餘。

# 4. 經濟應該如何成長

## 話裡話外

金融危機、經濟危機還會不斷發生，是人類很長一段時期內社會經濟的常態。從現在的世界狀況看，只要解決了溫飽等基本人類生存問題的國家，都應該優先注重經濟品質，因為世界的資源在目前現實中在一定的時期內是有限的，比如物質資源、環境資源等，而人類的欲求是無限的，人類如果不注意節制，包括人口數量，過度發展，大自然的懲罰是最嚴厲、最無情的，那就是滅亡，人類有很多文明的遺跡，創造這些文明的人都不存在了，他們，就是大自然的懲罰。

再扯遠一點說點題外話，就是目前的世界氣候問題發達國家和落後的不發達國家矛盾尖銳膠著的問題：現在無論是發達國家還是落後的發展中國家覺悟都很高，都提倡人權，那麼大家都有生活的很好的權利，達到較高生活水準的權利，落後的發展中國家人民生活水準較低，同時他們的技術能力也較低，那麼他們要使生活水準得到較大的提升，生活的很好，消耗大量的資源甚至造成環境汙染損害不可避免。而發達國家之所以現在生活水準較高也是透過大量消耗資源汙染環境的工業化過程來實現的，這些發達國家如果真的有人權精神，為整個

人類考慮為整個世界考慮，就應該放棄那種極端自私的國家利益策略，透過種種無所不用其極的極端手段來維持國家的高度發展。全世界應共同面對大自然的問題，達到對大自然破壞最小的應共同發展合理狀況理想狀況，特別是發展中國家能夠透過較少資源耗費與較小環境汙染的情況下發展，而這種發展必須得到發達國家的幫助，因為落後國家技術實力達不到那種水準，而相對的發達國家在這方面具有很大優勢。而最壞的結果就是發達國家利用自身的這種優勢再次勒住落後國家的脖子，成為自己繼續領先的「核子武器」，這種貌似合理的遏制，其實是矛盾加劇導致衝突的根源，不一定會如發達國家如意算盤設想的那麼理想的發展。

### 知識連結

長時期以來，多國一直過度關注 GDP 的成長。但成長並非推遲急需進行的結構性調整的藉口。一旦啟動這種再調整，必然會導致經濟減速。但這是為長期可持續成長奠定堅實基礎的唯一途徑。所謂結構調整是雙關語，在市低迷的時候，要結構調整是利好。市場處於高峰時要結構調整是利空。

# 5. 糧食價格需要調控嗎

## 新聞回顧

面對目前小麥價格的極端上漲,我們可能正處於又一場全球糧食價格危機的初期階段。即便此次不會演變成二〇〇七年至二〇〇八年那種引人矚目的糧食危機 —— 當時從玉米到大米,主要農產品價格均飆升至創紀錄水準,引發了從孟加拉到海地等國的糧食騷亂 —— 但這絕對表明全球食品市場正處於危險狀態。

## 話裡話外

從二〇〇八年的危機中吸取了一些教訓,但在防範未來危機方面做的太少,特別是全球糧食市場失靈的問題未得到解決,這一失誤眼下正困擾著全球市場。目前,全球糧食價格的確定取決於三大因素:對未來供需的預期;大宗商品市場投機者的影響力日益增強;以及食品價格對埃及等國政治穩定的重要性。如今,低收入國家和貧困人口,實際上比上一次糧食危機之前更為脆弱。近來國際小麥價格的快速上漲,突顯了上述問題。上週,九月小麥期貨價格出現了二〇〇八年以來的最大漲幅。對俄羅斯、烏克蘭和西歐一些地區產量預期的下調是導

火線。俄羅斯的小麥出口禁令加大了價格飆升的風險，並再次破壞了對糧食貿易的信任。即便全球小麥預期產量小幅下降3%至4%左右，也會造成巨大的價格波動。

那麼，從二〇〇八年危機中吸取了哪些教訓呢？基本上，這是發展中國家長期忽視農業投資，以及發達國家在農業補貼政策上考慮不周的結果。隨後，不利的氣候條件引發了危機，而欠妥的政策——例如出口禁令、進口國家囤積以及大宗商品貿易缺乏適當監管——又達到了推波助瀾的作用。全球各主要大宗商品交易所價格的確定，基本上受到投機因素的左右——投機行為推高了價格。糧食市場不僅和能源市場相關，而且也與金融市場聯繫在一起——簡而言之，糧食貿易已「金融化」。越來越多的跡象表明，一些金融資本正從房地產和複雜衍生品投機，轉向包括糧食在內的大宗商品。近來，為遏制過度投機，有關當局對金融市場進行了管制，但基本上沒有觸及大宗商品市場，這成為了金融體系吸引投機的「軟肋」。改善市場功能的同時，必須伴隨著農業領域公共投資的提速。自二〇〇八年糧食危機以來，印度、巴西和非洲一些國家在這方面表現不錯。

此外，企業和投資基金正將更多注意力投向農田。國際間協調的政策，必須確保上述投資的健康和可持續性，目前它們還達不到這些要求。就推動成長和消除貧困而言，國際農業研

發方面的開支是最有效的投資類型。目前的資源不足以致力於新科學的前線領域。與此同時，低收入國家需要國際社會為一些計畫提供支援，例如改善兒童早期營養狀況的計畫。

## 知識連結

市場失靈是指透過市場價值規律這個看不見的手無法實現資源最佳配置、效率最高的情況，原因是當商品或服務的邊際社會收益超過邊際社會成本時，市場無法或不願意提供該類產品或服務。市場失靈是市場機制在不少場合下會導致資源不適當配置，即導致無效率的一種狀況。換句話說，市場失靈是自由的市場均衡背離帕雷托最優的一種情況。個體經濟學說明，在一系列理想的假定條件下，自由競爭的市場經濟可導致資源配置達到帕雷托最優狀態，但理想化的假定條件並不符合現實情況。在以下這些情況下，市場會失靈：不完全競爭，公共財，外部影響，資訊不完全等。

## 6. 什麼是印花稅

### 話裡話外

　　資本流向對總體經濟運行有重要影響。資本市場上投資的對象差異，對實際投資的作用也就不同。一級市場上的投資能夠增加實體經濟中的新增資本形成，而二級市場上的投資只是資本所有權的轉移而已。印花稅是在二級市場的流轉環節所徵收的稅，它的存在增加了存量資本交易的費用，降低了其流動性。存量資本流動性的降低，自然不利於資本結構調整，更進一步也不利於新增資本形成。

　　然而，現實經濟世界中，資本形成和調整的途徑是多種多樣的，透過資本市場交易進行只是其中的一條而已。從印花稅提高交易成本的角度來看，較高印花稅率的存在，既不利於資本市場的發展，也不利於資本結構的調整。問題在於，資本結構調整方式首先取決於資本價值的存在形式，即資本的價值形式是否外在化為股票等證券形式。透過資本市場平臺可以實現資本調整，資本市場的這一平臺功能在經濟體系中發揮資源配置作用的大小如何，取決於資本市場發展的規模和資本市場在經濟體系中的地位，取決於一國經濟結構對資本存量調整是透過股權變換還是直接資產買賣、產權交換的形式。顯然，在這

樣一個資本市場發展仍處於早期階段的經濟體系來說，後者的資本調整形式是占大多數的。當流動性由擴張轉向下降時，實體經濟領域受到的衝擊應該得到更多的關注。流動性過剩時期，資本市場上的資產「泡沫」吸收了總體經濟體系中的大量流動性；流動性下降時，資本市場亦還要從實體經濟中吸收流動性。如果流動性過剩時期資本市場吸收的流動性對避免實體經濟免受價格膨脹衝擊還有點正面作用的話，流動性下降時期從實體經濟吸收的流動性則很可能對真實產出造成衝擊。實體價格有剛性，不似金融資產價格靈活，實體價格的強行下降，通常要以產出的波動為代價。

因此，避免資本市場因流動性波動對實體經濟衝擊產生的放大作用，引導資金更多的流向實體經濟領域將是必要的。印花稅對調節資金流向的功能，在這一方面的作用無疑是巨大和直接的。資本市場發展受到多種因素制約，印花稅只是其中不起決定作用的一個方面而已。依靠減印花稅刺激股市發展，僅是單從資本市場發展的單方面考慮措施而已，需進一步綜合權衡。

### 知識連結

以經濟活動中簽立的各種合約、產權移轉證明書、營業帳簿、權利許可證照等應稅憑證檔為對象所徵的稅。印花稅由納稅人按規定應稅的比例和定額自行購買並黏貼印花稅票，即完成納稅義務。

# 7. 何為貿易順差

## 話裡話外

研究一國對外貿易發展情況，主要借助於政府定期公布的對外貿易平衡表。一般而言，平衡表比較系統的載有表明出口和進口的數字統計，大體可反映一國在特定時期內對外貿易乃至國民經濟發展狀況。一國對外貿易按出口大於、小於或等於進口等情況，分別構成貿易順差、貿易逆差或貿易平衡。

一是經濟全球化為這一結果提供了基本條件。在全球化的推動下，當今各國的經濟比以往聯繫得更加緊密，商品和服務越來越更自由的在國與國之間流動。

二是供給能力。近三十年來的快速成長，投資的較快成長，以及國際分工帶來的外國直接投資的快速成長，生產能力已經是大大增強，而且形成了較強的產業鏈。

三是國際市場對生產的商品需求比較大。受整體經濟發展水準的限制，勞動密集型仍是目前生產的基本特徵。

貿易順差既影響經濟也影響對外經濟，因而，需要調整經濟政策，協調經濟發展和對外經濟發展，化貿易順差之弊為利。在開放經濟條件下，化解貿易順差之弊，需要依據統籌發展和對外開放的要求，將經濟發展的思路從出口導向型發展策

略轉向出口與內需並重的經濟發展策略；經濟政策的新取向是：從貿易順差轉向保持經常項目適度貿易順差、資本項目逐漸達到平衡。經常專案適當貿易順差，有利於保持幣值匯率穩定，促進經濟發展。

幣值不是國際貨幣，如果出現國際貿易赤字，不能透過多印幣值來彌補國際貿易赤字。因此，在國際收支有逆差、外匯存底又不足時，會缺乏足夠的外匯購買進口產品和支付到期的外國債務，影響國家信譽和經濟發展。因此，經常項目有貿易順差，有利於外匯市場和幣值匯率穩定，增強國際支付能力，促進經濟發展。資本項目逐漸達到平衡，有利於擴大需求，適當降低國民經濟對外依存度。

### 知識連結

所謂貿易順差是指在特定年度一國出口貿易總額大於進口貿易總額，又稱「出超」。表示該國當年對外貿易處於有利地位。貿易順差的大小在基本上反映一國在特定年分對外貿易活動狀況。通常情況下，一國不宜長期大量出現對外貿易順差，因為此舉很容易引起與有關交易夥伴國的摩擦。例如：美、日兩國雙邊關係市場發生波動，主要原因之一就是日方長期處於巨額順差狀況。與此同時，大量外匯盈餘通常會致使一國市場上本幣投放量隨之成長，因而很可能引起通貨膨脹壓力，不利於國民經濟持續、健康發展。

# 8. 當錢不值錢了該怎麼辦

## 話裡話外

CPI 是一個滯後性的資料，但它往往是市場經濟活動與政府貨幣政策的一個重要參考指標。CPI 穩定、就業充分及 GDP 成長往往是最重要的社會經濟目標。不過，從現實情況來看，CPI 的穩定及其重要性並不像發達國家所認為的那樣「有一定的權威性，市場的經濟活動會根據 CPI 的變化來調整」。

近幾年來，歐美國家 GDP 成長一直在 2% 左右波動，CPI 也同樣在 0 ～ 3% 的範圍內變化。

大家都知道，通貨膨脹直接關係到我們日常生活。觀察通貨膨脹水準的最重要指標是居民消費價格指數，也稱 CPI，它計算的是居民日常消費的生活用品和勞務的平均價格水準。通貨膨脹是目前經濟中存在的主要問題，控制通貨膨脹也將是管理層未來一段時間的首要任務。它之所以重要還因為與就業形勢報告結合在一起，消費者物價指數 (CPI) 成就了金融市場上被仔細研究的另一個熱門的經濟指標。

通貨膨脹影響著每一個人，它決定著消費者花費多少來購買商品和服務，左右著商業經營的成本，極大的破壞著個人或企業的投資，影響著退休人員的生活品質。

通貨膨脹簡單的說就是錢不值錢了。錢怎麼會不值錢呢？這還要從貨幣開始說起。在古代用的是金、銀、銅錢，為什麼它們可以當錢呢？因為金、銀是有價值的。但隨著社會的發展，金、銀這些金屬的開採已經不能跟上人們生活進步的節奏了，而且金、銀攜帶起來很不方便，所以人們就想出了一個好方法，讓國家做擔保，發行一種代表錢的東西出來，就是現在的紙幣。舉個例子：我有五十兩白銀，在以前可以換五十頭豬。現在紙幣出來了，規定一單位的紙幣換一兩白銀，那麼我用五十單位紙幣也可以換五十頭豬了。本來按照規定，國家只做五十單位的紙幣，這樣紙幣與金、銀是對等的，但現在，發行紙幣的人對客觀情況認識錯誤，發行了一百單位的紙幣，但是市場還是那五十頭豬，那麼現在一百單位紙幣還是只能買到五十頭豬。五十頭豬沒變，五十兩白銀沒變，但是紙幣變成了一百單位，是不是錢就不值錢了呢？如果從經濟學原理的角度講，就是貨幣供應量超過經濟運行客觀需要，政府多發紙幣致使貨幣貶值，這種現象就稱為通貨膨脹。

　　一般來講，物價全面的、持續的上漲被認為發生了通貨膨脹。通貨膨脹的一個重要衡量指標就是我們常說的 CPI，即居民消費價格指數。當 CPI 出現大於 3% 的增幅時，就形成了通貨膨脹，而當這一指數增幅大於 5% 時，則預示著發生了嚴重的通貨膨脹。放眼全球，通貨膨脹正在世界各地越演越烈。

目前，伴隨著美元的持續貶值和國際能源價格的持續上漲，這部分作為資產儲備起來的社會財富已經嚴重縮水了，所以現在相對的發生通貨膨脹是必然的。面對通貨膨脹，我們老百姓要如何去應對呢？老百姓是聰明的，他們都知道一個樸素的道理：錢只有投入到社會經濟活動，一起運轉才能保值；放家裡藏只有發黴的份，連利息都沒有，更是不可取。比如：做個小生意，以前是三元進五元出，現在通貨膨脹了，物價上漲了，那就五元進八元出，把通貨膨脹的壓力轉移出去，使我們的勞動價值得以保存；股票、基金、期貨，好的時候能賺錢，差的時候血本無歸，還是看清楚了再投吧；投資自己，讓自己多掌握些謀生的技巧和技能，提升層次，可以在參與社會經濟活動時賺更多的錢，也是個很不錯的主意。總之，通貨膨脹到來的時候，我們只要睜大眼睛，看清楚真相，是能夠在危機中自保的！

## 知識連結

消費者物價指數 (Consumer Price Index)，英文縮寫為 CPI，是反映與居民生活有關的商品及勞務價格統計出來的物價變動指標，通常作為觀察通貨膨脹水準的重要指標。一般說來當 CPI>3% 的增幅時我們稱為 Inflation，就是通貨膨脹；而當 CPI>5% 的增幅時，我們把它稱為 Serious Inflation，就是嚴重的通貨膨脹。另有，CPI 清廉指數 (corruption perceptions index)、電腦中的 CPI(Characters Per Inch)、衡量電腦性能的 CPI(cycles per instruction)、管理學中的 CPI(Common Performance Indicator) 等。

電子書購買

**國家圖書館出版品預行編目資料**

很庶民的經濟學：月底又要吃土？六堂課教會
你日常經濟學，低薪不是存不了錢的藉口！/ 梁
夢萍，馬銀春著 . -- 第一版 . -- 臺北市：崧燁文
化事業有限公司 , 2021.12
　　面；　公分
POD 版
ISBN 978-986-516-944-2( 平裝 )
1. 經濟學 2. 通俗作品
550　　　　110018906

## 很庶民的經濟學：月底又要吃土？六堂課教會你日常經濟學，低薪不是存不了錢的藉口！

臉書

作　　　者：梁夢萍，馬銀春

發 行 人：黃振庭

出 版 者：崧燁文化事業有限公司

發 行 者：崧燁文化事業有限公司

E - m a i l：sonbookservice@gmail.com

粉 絲 頁：https://www.facebook.com/sonbookss/

網　　　址：https://sonbook.net/

地　　　址：台北市中正區重慶南路一段六十一號八樓 815 室

Rm. 815, 8F., No.61, Sec. 1, Chongqing S. Rd., Zhongzheng Dist., Taipei City 100,
Taiwan (R.O.C)

電　　　話：(02)2370-3310　　　傳　　　真：(02) 2388-1990

印　　　刷：京峯彩色印刷有限公司（京峰數位）

定　　　價：379 元

發行日期：2021 年 12 月第一版

◎本書以 POD 印製